ÖSTERREICHISCHE AKADEMIE DER WISSENSCHAFTEN
PHILOSOPHISCH-HISTORISCHE KLASSE
SITZUNGSBERICHTE, 686. BAND

VERÖFFENTLICHUNGEN DER KOMMISSION FÜR LITERATURWISSENSCHAFT
NR. 20

GÜNTHER WYTRZENS † – ASHOT HOVAKIMIAN

Addenda und Corrigenda zum Buch „Die Slavica der Wiener Mechitharisten-Druckerei“

VERLAG
DER ÖSTERREICHISCHEN AKADEMIE DER WISSENSCHAFTEN
WIEN 2001

Vorgelegt von w. M. RADOSLAV KATIČIĆ
in der Sitzung am 10. Dezember 1999

Die Deutsche Bibliothek – CIP-Einheitsaufnahme
Ein Titeldatensatz für diese Publikation ist bei
Der Deutschen Bibliothek erhältlich

ISBN 3-7001-2974-2

Gesamtherstellung: Weitzer & Partner GmbH, Graz

INHALTSVERZEICHNIS

EINLEITUNG

Mein 1985 im Verlag der Österreichischen Akademie der Wissenschaften erschienenes Buch *Die slavischen und Slavica betreffenden Drucke der Wiener Mechitharisten*[1] ist auf überraschend großes Interesse gestoßen. Obwohl darin eine nicht geringe Anzahl von Titeln beschrieben, annotiert und standortmäßig lokalisiert werden konnte, hat sich aufgrund eigener weiterer Nachforschungen und dank vieler Hinweise von Rezensenten und Kollegen so viel an neuem einschlägigem Material ergeben, daß die Veröffentlichung eines Nachtrags gerechtfertigt erscheint.

Zu danken habe ich in diesem Zusammenhang Pater Vahan Hovakimian, der in der von ihm betreuten Bibliothek des Wiener Mechitharistenklosters weitere Slavica aufgespürt hat; ferner den Herren Univ.-Prof. Dr. Stanislaus Hafner, cand sc. Aschot Hovakimian (Erewan) für den Hinweis auf zahlreiche ältere Serbica und Mag. Ludwig Kuzmics, der mich auf die burgenländisch-kroatischen Mechitharistica aufmerksam machte. Einen großen selbständigen Beitrag zur Komplettierung des Verzeichnisses insbesondere der serbischen Mechitharisten-Drucke hat Herr cand sc. Aschot Hovakimian aus Erewan erstellt und mich ermächtigt, seine Materialien in neuer Abfolge zu integrieren.

Obwohl die vorgelegten Addenda zu den fast 400 Titeln des Grundstocks 110 weitere beschreiben, annotieren und lokalisieren konnten, war die angestrebte Vollständigkeit damit leider nicht zu erreichen. Noch etwa einhundert Titel sind an den verschiedensten Stellen mehr oder minder zuverlässig als Mechitharistica erwähnt. Sie konnten jedoch bis jetzt weder verifiziert noch lokalisiert werden.

Einige der Addenda sind bemerkenswert: So etwa das früheste Slavicum unserer Druckerei überhaupt, der versifizierte Bericht über die Erlebnisse des kroatischen Franziskanerpaters und österreichischen

---

[1] G. Wytrzens: *Die Slavica der Wiener Mechitharisten-Druckerei,* Sitzungsberichte der philosophisch-historischen Klasse der Österreichichen Akademie der Wissenschaften 460, Veröffentlichungen der Kommission für Literaturwissenschaft 8, Wien 1985, 337 S.

Parteigängers ANDRIJA DOROTIĆ im Jahr 1813; die Vorstufe zum großen kirchenslavischen Wörterbuch von FRANZ V. MIKLOSICH; das späteren Entwicklungen vorauseilende erste Wörterbuch des Burgenländisch-Kroatischen von FABIAN HAUSZER; ferner neue slowakische Titel, die die Wichtigkeit der Mechitharistendruckerei gerade für diese in ihren kulturellen Ambitionen während der zweiten Hälfte des 19. Jahrhunderts arg behinderte Nation dokumentieren. Einiges Interesse darf auch die „Wiederentdeckung“ des ersten karpatoukrainischen Dichters, NIKOLAJ NAGY-NOD', beanspruchen. Auch der beginnende Fremdenverkehr spiegelt sich in den Titeln. Unter den Russica sei eine umfangreiche Monographie über den Tod der Zarenfamilie erwähnt. Veröffentlichungen sowjetischer Armee-Einheiten aus der Zeit unmittelbar nach Kriegsende haben sich bei den Mechitharisten erhalten. Einige Publikationen der allerletzten Zeit wie die von BRKOVIĆ für die Serben und die von DOBROVICH für die Kroaten beweisen, daß die südslawische Drucktätigkeit nicht völlig abgerissen ist.

Die Reihung der beschriebenen und annotierten Titel erfolgt nach Sprachen, beginnend mit dem Kirchenslavischen über das Süd-, West- und Ostslavische zu Slavica in nichtslawischen Sprachen.

Die Anordnung der Angaben hält sich an die im Grundwerk angewendete. Auch die vier Register wurden beibehalten. Am Schluß vermerken wir wichtigere Errata im Grundwerk und ergänzen einige Angaben des dortigen Namenregisters.

G. Wytrzens

(dem Manuskript beigelegter Entwurf eines Vorworts)

ПРЕДИСЛОВИЕ – VORWORT

Настоящая работа – одна из последних, принадлежащих крупному австрийскому слависту, заслуженному исследователю профессору Гюнтеру Вытженсу. Большой честью для меня является окончательная подготовка рукописи к печати, за что приношу также большую благодарность проф. Радославу Катичичу, который подготовил предложение зтой рукописи.

Мое сотрудничество с проф. Вытженсом началось сразу же после появления в свет его каталога книг. Дело в том, что, занимаясь длительное время изучением армяно-славянских литературных и культурных взаимосвязей в 19-ом веке, нельзя было обойти вниманием столь важный факт, как печатание армянскими типографами книг на славянских языках в Вене. Особенно интересовали меня книги на южнославянских языках, а также связи деятелей сербского и хорватского национального возрождения с армянскими мхитаристами. Не имея в свое время возможности работать в архиве и библиотеке конгрегации, я также пытался составить „свой“ каталог югославики типографии мхитаристов по тем разнообразным библиографиям и каталогам, которые имелись в крупнейших библиотеках бывшего Советского Союза (Москва, Санкт-Петербург). При этом хочу особо отметить богатейшую коллекцию югославики 19 в. в Библиотеке Акалемии Наук России, где было обнаружено несколько недостающих в каталоге Вытженса изданий.

За два года до кончины дорогого проф. Вытженса мне удалось побывать в Вене, около месяца поработав в архиве армянской конгрегации над своими исследованиями по армяно-славянским взаимоотношениями. Мы договорились о совместной публикации „Дополнений и управлений“ к его каталогу, учитывая то обстоятельство, что число только сербских и хорватских изданий, не вошедших в каталог, но упоминаевых в различных других библиографиях, перешло 40 единиц. Нами совместно были опубликованы также письма выдающегося слависта Ф. Миклошича армянским монахам, которые удалось обнаружить во время моих исследований в архиве мхитаристов.[2] К сожалению, так и остался неосуществленным совместный замысел о публикации неизвестных ранее писем других славянских авторов, печатавших свои книги в типографии армянского монастыря в Вене.

Работа проф. Вытженса может по праву считаться не только крупным вкладом в славистику, но и важным свидетельством плодотворности армяно-славянских культурных взаимоотношений. Мое скромное участие в настоящей работе считаю данью уважения армян памяти нашего хорошего друга и прекрасного ученого.

А. Овакимян

Die vorliegende Arbeit ist eine der letzten des großen österreichischen Slavisten und verdienstvollen Forschers Prof. Günther Wytrzens. Für mich ist die abschließende Vorbereitung des Manuskripts zum Druck eine große Ehre, für die ich Prof. Radoslav Katičić, der die Vorlage des Manuskripts vorbereitet hat, sehr dankbar bin.

Meine Zusammenarbeit mit Prof. Wytrzens begann gleich nach dem Erscheinen seines Buchkatalogs. Nach langer Zeit des Studiums der armenisch-slawischen literarischen und kulturellen Wechselbeziehungen im 19. Jahrhundert konnte man eine so wichtige Tatsache wie den Druck slawischsprachiger Bücher durch armenische Drucker in Wien nicht vernachlässigen. Besonders interessierten mich Bücher in südslawischen Sprachen und auch die Verbindungen serbischer und kroatischer Vertreter der nationalen Aufklärung mit armenischen Mechitaristen. Da ich seinerzeit keine Möglichkeit dazu hatte, in Archiv und Bibliothek der Kongregation zu arbeiten, versuchte ich, „meinen“ Katalog der Südslavica der Druckerei der Mechitharisten nach den verschiedenartigen Bibliographien und Katalogen zusammenzustellen, die in den größten Bibliotheken der ehemaligen Sowjetunion (Moskau, St. Petersburg) vorhanden waren. Dabei möchte ich das Augenmerk besonders auf die äußerst reichhaltige Sammlung von Südslavica des 19. Jahrhunderts in der Bibliothek der Akademie der Wissenschaften Rußlands lenken, wo einige Ausgaben gefunden worden sind, die im Katalog von Wytrzens fehlen.

Im Verlauf der zwei Jahre vor dem Hinscheiden des werten Prof. Wytrzens gelang es mir, mich in Wien aufzuhalten, wo ich ungefähr einen Monat im Archiv der armenischen Kongregation an meinen For-

---

[2] A. OVAKIMJAN – G. WYTRZENS, Miklosich – Materialien aus dem Archiv der Mechitharisten. *Wiener Slavistisches Jahrbuch* 37, (1991) 116–118.

schungen betreffend die armenisch-slawischen Wechselbeziehungen arbeitete. Wir vereinbarten eine gemeinsame Publikation von „Ergänzungen und Korrekturen“ zu seinem Katalog, wobei wir den Umstand berücksichtigen, daß die Anzahl der nur serbischen und kroatischen Ausgaben, die in den Katalog nicht Eingang gefunden haben, aber in verschiedenen anderen Bibliographien erwähnt werden, 40 Positionen überstieg. Gemeinsam veröffentlichten wir auch die Briefe des hervorragenden Slavisten F. Miklosich an die armenischen Mönche, die zu finden mir während meiner Studien im Archiv der Mechitharisten gelang. Leider blieb das gemeinsame Projekt einer Veröffentlichung früher unbekannter Briefe anderer slawischer Autoren, die ihre Bücher in der Druckerei des armenischen Klosters in Wien drucken ließen, unverwirklicht.

Die Arbeit von Prof. Wytrzens kann zu Recht nicht nur als beachtlicher Beitrag zur Slavistik betrachtet werden, sondern auch als wichtiges Zeugnis für die Fruchtbarkeit der armenisch-slawischen kulturellen Wechselbeziehungen. Meinen bescheidenen Beitrag zur vorliegenden Arbeit betrachte ich als Tribut der Ehrenbezeigung, die die Armenier dem Andenken an unseren guten Freund und hervorragenden Gelehrten entgegenbringen.

A. Hovakimian

Katalog der zu ergänzenden Slavica der Wiener Mechitharistendruckerei

1 N: 20.514–CH U: II 50 323 1850 295 × 237 altksl., griech., lat., orn.-kyr., griech., Antiqua D: T_v

MIKLOSICH F(ranciscus)

Lexicon linguae slovenicae veteris dialecti

Wörterbuch der altslavischen Sprache

Edidit F. M. Vindobonae, apud Guilelmum Braumüller, C. R. Bibliopolam Aulicum

(III) latein. Widmung: Illustrissimo principi Michaeli M. Obrenović. Dem erlauchten Fürsten Michael M. Obrenović

(V) Text der Widmung (Abb. 1); (VII)–IX Praefatio (mit Aufzählung der Quellen); X Compendia; (XI)–XIV Addenda et corrigenda; 204 S. zweispaltiger Text.

Vorstufe zu Miklosichs monumentalem Lexicon palaeoslovenico – graeco – latinum emendatum auctum,

Altslawisches-griechisches-lateinisches Wörterbuch, durchgesehene Ausgabe

Wien 1862–1865.

Illustrissime Princeps!

Abhinc annos fere triginta Kopitarius promiserat editurum se lexicon linguae palaeoslovenicae et effecerat, ut harum rerum studiosi hoc sagacissimi philologi opus magno cum desiderio expectarent. At vir celeberrimus vitam finiit, quin opus, quo philologia slavica carere non potest, edidisset: quae paraverat, in bibliotheca lycei Labacensis servantur. Nos igitur ex eo tempore, quo amicum et magistrum mors nobis eripuit, ut perficeremus, quae illi ad finem perducere concessum non erat, id agebamus, ut ea, quae antea aliud consilium sequentes e plurimis libris congesseramus, e libris bibliothecae palatinae Vindobonensis aucta ederemus. At certo neque nostrum opus lucem vidisset unquam, nisi Tu, Illustrissime Princeps, amore gentis Tuae et litterarum slavicarum ductus, nos adjuvisses. Patere igitur, Generosissime Princeps, ut Tibi palam gratias agamus: Tuum enim erit, si quid litteris slavicis profuerimus. Vale et favere perge,

Illustrissime Princeps,

g r a t i s s i m o

Auctori.

2 M: ohne Signatur 1903 192 × 124 kirchensl. orn.kyr. D: fehlt Gl., Schließen, Rückendruck, Deckel vorne orthodoxes Kreuz.

Vo slávu svjatýja, jedinoúštnyja životvorjáštija i nerazdělímyja Tróicy, Otcá, i Sýna, i Svjatágo Dúcha. Vsevysočájšimъ pozvoléniemъ jego Cár. i král. Apostolíčeskago Velíčestva Gosudárja Fránca Iósifa Pérvago Bóžijeju mílostiju Imperátora austríjskago králja českago i pr. i pr. i pročaja; Apostolíčeskago králja ungarskago i pr. i pr. i pročaja.

Blagoslovéniemъ že Preosvjaštennějšichъ, serbsko-pravoslávnychъ archiepískopovъ i mitropolítovъ Dabro-bosníjskago Gospodína Nikolája Mándiča, hercegovínsko-zachólmijskago, Gospodína Serafíma Péroviča, zvorničko-tuzlánskago Gospodína Grigorija Žívkoviča, banjalučko-biháčkago Gospodína Eugénia Leticy izdadésja sija kníga

Časoslov

iždivéniemъ i pečátnymъ tisnéniemъ Pravítelstva bosnijsko – hercegovínskago, vo grádě Sarajevě vo lěto otъ sotvorénija mira 6410 ot Roždéstva že vo plóti Boga Slóva 1903 Indikta 15 měsjaca septémvrija.

Zum Ruhm der heiligen, wesensgleichen, lebenspendenden und unteilbaren Dreifaltigkeit, des Vaters, des Sohnes, und des Heiligen Geistes. Mit allerhöchster Genehmigung seiner k. u. k. Apostolischen Majestät des Herrschers Franz Joseph I., von Gottes

Gnaden Kaiser von Österreich, König von Böhmen usw. usf., Apostolischer König von Ungarn usw. usf.
Mit dem Segen der Hochwürdigsten serbisch-orthodoxen Erzbischöfe und Metropoliten, des Herrn Nikolaj Mandić von Dabar und Bosnien, des Herrn Serafim Perovič der Herzegowina und des Zahlumje, des Herrn Grigorije Živković von Zvornik und Tuzla, des Herrn Eugen Letica von Banja Luka und Bihač wurde dieses Buch *Horologion (Stundenbuch)* auf Kosten der Bosnisch-herzegowinischen Landesregierung zum Druck gebracht in der Stadt Sarajevo, im Jahre 6410 nach der Erschaffung der Welt, im Jahre 1903 nach der Fleischwerdung des Wortes Gottes, 15. Indiktion, im Monat September.

/4/ S. unpaginiertes Vorwort; /10/ S. Krátkoe izjavlénie, 176 Folia.

Da in der Klosterbibliothek vorhanden, Mechitharisten-Provenienz wahrscheinlich.

3 M: ohne Signatur (1890) 155 × 100 kyr., bulgar. D: fehlt
Broschüre UT

ANKRЪ (L'Ancre). Družestvo za zastrachuvanie života i za dobivki vъ Vienna. Hotelъ Ankrъ. Hoherъ Marktъ No. 11. Osnovano vъ 1858 g.

Der Anker. Gesellschaft für Lebensversicherung. 32 S.

Tabellen über Prämien.

4 M: ohne Signatur o. J. (1942) 200 × 126 kyr., bulg. D: T_v
Pappband

MICHERA František (Herausgeber)

Izloženie za dejnost'ta na bъlgarskoto carsko početno generalno konsulstvo v Bratislava za 1941 godina.

Tätigkeitsbericht des Königlich Bulgarischen Honorar-Generalkonsulats in Bratislava für das Jahr 1941.

95 S., illustriert

S. 81–94 Kratko spisanie na někoj gradove i městnosti izъ Slovakija.

S. 81–94 Kurzes Verzeichnis einiger Städte und Ortschaften der Slowakei.

Moskauer Universitätsbibliothek

5 Библиотека Московского Университета: Dmitr. 1788 Bgd.: C-II 639 1821 kyr., serb.

MILETIĆ Lazar

Gospoda našego spasitelja slovo o věčnomъ blaženstvě. za mladoje lěto pozdravъ i poklonъ prijatelěmъ i ljubitělemъ serbskogъ jezyka. lzloži L. M., Pravdoslovъ u kralevstvu Madžarskomъ i Zagrebskoga komitata zasědatelъ.

Wort unseres Herrn, des Heilands, über die ewige Seligkeit, zum Neuen Jahr Glückwunsch und Gruß den Freunden und Liebhabern der serbischen Sprache. Verfaßt von L. M., Jurist im ungarischen Königreich und Oberhaupt des Zagreber Komitats.

/2/+72 S.

NOVAKOVIĆ, Nr. 594, S. 124

6 Novaković, Nr. 630, S. 131 1823 kyr., serb

BRANKOVIĆ Avram

Večni Spomen Filipu Glavašu po soveršeniju Madjarski i Avstriski prava u Pešti g. 1823. Ferv. 2/14. umršem napisao A.B., a iz tople ljubovi i iskrenog prijateljstva drugu svom podigao Simeon Šićarović.

Ewiges Andenken an Philipp Glavaš in Ausübung des ungarischen und österreichischen Rechts in Pešt, für den am 2./14. Februar 1823 Verstorbenen verfaßt von A. B., aus Zuneigung und aufrichtiger Freundschaft veranlaßt von Simeon Šićarović.

/4/ S.

7 Srpski Letopis za godinu 1870 i 1871, knj. 113, Novi Sad 1872; S. 333 1826 kyr., serb. Serbische Chronik für die Jahre 1870 und 1871, Buch 113, ...

POPOVIĆ Jevtimije

Idilia. Idylle.

36 S.

8 **NOVAKOVIĆ,** Nr. 786, S. 159 1830 kyr., serb.

Spomenъ na potopъ, koi je izmedju 28. Februara i 12. Marta 1830. mnoga predgradia Bečka potopio, izdanъ na pomoćъ oni, koi su ovomъ nemilomъ prilikomъ stradali.

Erinnerung an das Hochwasser, das zwischen dem 28. Februar und dem 12. März 1830 viele Vorstädte Wiens überschwemmte, herausgegeben als Hilfe für die, die unter diesem unliebsamen Umstand litten.

8 S.

9 Novakovic, Nr. 811, S. 163 [1830] kyr., serb.

NIKOLIĆ Atanas

Ružica za godъ 1831.

Godina IV.

„Ružica“ für das Jahr 1831. Jahrgang IV.

79 S.

10 Novaković, Nr. 824, S. 166 /1831/ kyr., serb.

NIKOLIĆ Atanas

Ružica za godъ 1832.

5. lěto

„Ružica“ für das Jahr 1832. 5. Jahr.

79 S.

Derselbe Kalender erschien in Wien für die Jahre 1833, 1834, 1835 und 1836. S. Novaković...

11 Novaković, Nr. 812. S. 164 /1830/ kyr., serb.

NIKOLIĆ Atanas

Domovnyj obštepoleznyj Kalendar na lěto ot Roždestva Hristova 1831. izd. Konšt. Kaulicii.

Für das Haus und allgemein nützlicher Kalender für das Jahr 1831 nach Christi Geburt, herausgegeben von Konst. Kaulicius.

34 S.

12 Srpski Letopis za godinu 1870 i 1871, knj. 113; S. 337 1831 kyr., serb.

12. Serbische Chronik für die Jahre 1870 und 1871, Buch 113...

ČOKRLJAN Jovan

Věnecъ privětstvija Jego Vysokoprevoshoditelstvu Gospodinu Mihailu otъ Mijalěvičъ Cesaro-Kralěvsko-Avstrijskomu Feld-Maršal-lajtnantu pri toržestvennomъ vozdviženiju na stepenъ dvornogъ voennogъ Sověta, pěvan J. Č., Dajč-banatske Regimente Feld-Kapelanomъ.

Text der Begrüßung des kaiserlich-königlichen österreichischen Feldmarschalleutnants durch seine Hochwohlgeboren, den Herrn Michael von Mijalěvič anläßlich der feierlichen Beförderung zum Militärhofrat, gesungen von J. Č., Feldkaplan des deutsch-banater Regiments.

7 S.

13 Letopis Matice srpske, 118, Novi Sad, 1875: S. 95, 116 1832 kyr., serb.

GRUJIĆ Gligorije

Čuvstvovanija věrna podanika na danъ prvoga Marta 1. 1832

5 S.

Gefühle eines treuen Untertanen zum ersten Märztag im Jahr 1832.

14a Bibliothek der Matica Srpska Novi Sad (1833) 230 × 200 kyr., serb. D: T

Domovnyj i obštepoleznyj narodnyj kalendarъ. Na lěto ... 1834. Izdaniemъ Konstantina Kaulicij u Novomъ Sadu.

Gemeinnütziger volkstümlicher Hauskalender für das Jahr 1834. Herausgegeben von K. K. in Novi Sad.

31 S.

Miodrag Maticki, Bibliografija srpskih almanaha i kalendara. I. Beograd 1986, S. 722, Nr. 673.

14b Universitätsbibliothek Beograd: R 693 (1853) 240 × 180 kyr. serb. D: T

Domovnyj i obštepoleznyj srbskij narodnyj kalendarъ za godinu … 1854

Gemeinnütziger volkstümlicher serbischer Hauskalender für das Jahr 1854.

33 S.

Maticki s. 732, Nr. 690

Jahrgang 1850 bechrieben bei Wy., Slavica Nr. 75, S. 84.

Für 1835–1843 wurde der Kalender in Buda gedruckt, 1844–1846, 1848 und 1849 in Novi Sad, 1851 in Pančevo. Jahrgang 1847 nicht erhalten.

15 Библиотека Акалемии Наук России – Санкт-Петербург:

Bibliothek der Russischen Akademie der Wissenschaften in St. Petersburg

XXVIIi / b. 182 Novaković, Nr. 852, S. 171 1833 kyr., serb.

DRAGOSAVLJEVIĆ Adam

Nemačka Gramatika za decu i za svakoga, koji je rad nemački jezik iz knjige za kratko vreme da nauči. Od A. D.

Prvo parče.

Deutsche Grammatik für Kinder und für jeden, der gern das Deutsche in kurzer Zeit aus einem Buch erlernt. Von A. D. Erster Teil.

16 Novaković, Nr. 886, S. 178 Srpski Letopis za godinu 1870 i 1871, knj. 113, S. 338 1833 kyr., serb

… S. 178. Serbische Chronik für die Jahre 1870 und 1871. Buch 113 …

HOFFMAN Emanuel

Nastavlenije ko proizvedeniju svile. Za horvatskogъ zemlědelca pisano otъ E. H.

Anleitung zur Herstellung von Seide. Für den kroatischen Bauern verfaßt von E. H.

VIII + 29 S.

17 Novaković, Nr. 920, S. 185 1835 kyr., serb.

BERIĆ Jovan

Ioanna Matfije Šreka Svemirna Istoria, prevedena J. B.

Prva svezka.

VI + 207 S.

Weltgeschichte von Johann Matthias Šreko, übersetzt von J. B. Erster Band.

18 **KARADŽIĆ Vuk Stefanović**

Narodne srpske poslovice i druge različne, kao one u običaj uzete riječi. Izdao m. V. S. K., filosofije doktor i različnih učenih društva član.

Serbische Volkssprichwörter und verschiedene andere gebräuchliche Wörter. Herausgeber: V. S. K., Doktor der Philosophie und Mitglied verschiedener gelehrter Gesellschaften.

Na Cetinju. U Narodnoj Štampariji. 1836. [6] + VII – L [ILXX] + [10] + 362 + [16] S.

Cetinje, Nationaldruckerei 1836 … – Vorwort. Wien, 10. Juli 1836 V. S. K.

VII – L [LXXI] –Predgovor. U Beču 10. Julija 1836. V. S. K.

Das Vorwort wurde in Wien bei den Mechitharisten gedruckt und erst dann dem Buch beigefügt.

19 Библиотека Академии Наук – Санкт-Петербург: XXVII i / b.81 1844 kyr., serb.

Bibliothek der Akademie der Wissenschaften in St. Petersburg: …

NJEGOŠ Petar Petrović

Tri dana u Trijestu u měsecu Januariju 1844.

Drei Tage in Triest im Jänner 1844.

6 S.

20 Bgd.: C-II 1444 1848 kyr., serb.

J. S.

Glasъ uměrenosti jednogъ rodoljubca o tomъ, čimъ by se austrijsko ungarski Srblji danasъ zadovoljiti mogli.

Jedanъ projektъ o srbsko-narodnomъ ustrojstvu u ungarskoj kralěvini.

16 S.

Aufruf eines Patrioten zur Mäßigung, die mögliche Zufriedenheit der österreichisch-ungarischen Serben heute betreffend. Ein Projekt über die national-serbische Organisation im Königreich Ungarn.

21 Letopis Matice srpske 1876, knj. 119, Novi Sad, 1877: S. 130 1848 kyr., serb.

J. S.

Glasъ rodoljubca Srbljima na narodnoj skupštini odъ 1. i na saboru odъ 15. maja ove 1848 godine.

Stimme eines serbischen Patrioten in der Volksversammlung vom 1. und in der Parlamentssitzung vom 15. Mai dieses Jahres (1848).

12 S.

Beide oben genannten Veröffentlichungen enthalten weder ein Titelblatt noch einen Hinweis auf die Druckerei. Nach Meinung B. Mušickis wurden sie jedoch bei den Mechitharisten gedruckt. Wahrscheinlich wurde ebendort zur selben Zeit auch Nr. 97 gedruckt.

22 Bibliothek der Matica Srpska Novi Sad: 28401 1850 kyr., serb. D: T

ŽIVKOVIĆ Božidar

Nadgrobno slovo Zarii Iovanoviču Čiči, narodnom polkovniku, i zapovědniku Srbalja na Jarku.

Govorio u Beču, u Grčkoj Crkvi 8/20 novembera 1850.

7 S.

Funeralpredigt für Zarija Iovanović Čiča, einheimischer Oberst, Befehlshaber der Serben bei Jarak

Gehalten in Wien in der griechischen Kirche am 8./20. November 1850.

23 Letopis Matice srpske 1876, knj. 119: S. 130 1848 kyr., serb.

RASIĆ Milan David

Duhъ vremena, ili umotvori, M. R., predje zabraněni, a sad' slobodni.

12 S.

Der Zeitgeist oder Geistige Schöpfungen, M. R., früher verboten, aber jetzt frei zugänglich.

24 Letopis Matice srpske 1875, knj. 118: S. 100 1852 11,8 × 18,7 kyr., serb.

RASIĆ Milan David

Slovo nadъ upokojenimъ Nikolomъ Stankovićemъ, slušàtelěmъ Pravoslovija u Bečkom Sveučilištu, Rodjenomъ u Staromъ Aradu, a preminuvšemъ ovde u Beču, 24. Marta 1852, godine, govoreno M. D. R.

16 S.

Rede über den verstorbenen Nikola Stanković, Jushörer an der Wiener Universität, geboren im Alten Arad und verstorben hier in Wien, am 24. März 1852 gehalten von M. D. R.

25 Bibliothek der Matica Srpska, Novi Sad: RP Sh fol. 5 1852, 1856 kyr., serb.

SVETOVIDЪ

Účrednikъ i izdavatel' Aleksanderъ Andrićъ.
(1856 – Centralnyj dnevnikъ za politiku).

Redakteur und Herausgeber Alexander Andrićъ.

Jahrgang 1. (1852), Nr. 40 v. 28. 11. – Nr. 52 v. 28. 12.
[Nr. 1–39 – Temisvar. Druckerei I. Baichel]

Jahrgang 5. (1856), Nr. 70 v. 5. 9.

26 Bibliothek der Matica Srpska, Novi Sad: RP Sh III 11 1855–1856 kyr., serb.

SVETOZORЪ

Prilogъ Svetovida za beletristiku.

(1856 – Zabavnyj listъ).

Učrednikъ i izdavatel' Aleksanderъ Andrićъ.

Beilage für Belletristik des *Svetovidъ* (1856 – Unterhaltungsblatt). Redakteur und Herausgeber Alexander Andrićъ

Jahrgang 1. (1855), Nr. 1–13, v. 1. 07.–21. 12.

Jahrgang 2. (1856), Nr. 1–39, v. 4. 1.–30. 9.

27 Bgd.: IV 670 1868 kyr., serb.

Najviši reskript od 10ga augusta 1868 o zakl'učcima srbskog narodnog sabora od godine 1864/5 za obseg C. kr. vojene kraine.

Allerhöchster Erlaß vom 10. August 1868 über die Beschlüsse der serbischen Volksversammlung vom Jahr 1864/5 für die gesamte k. k. Militärgrenze.

[2] + 63 S.

28 Glasnik Srpskog učenog društva, 41. Beograd, 1875: Nr. 299, S. 390 1874 kyr., serb.

ĆURČIĆ Stevan

Venac.

Pripovetka za decu od Hristofa Šmida. Posrbio S. Ć.

S jednim čelikorezom i sa više drvoreza.

Nakladom knjižare G. J. Manca.

Der Kranz

Erzählung für Kinder von Christoph Schmid. Serbische Übersetzung von S. Ć. Mit einem Stahlstich und mehreren Holzschnitten. Verlag G. J. Manz.

29 Glasnik Srpskog učenog društva, 41. Beograd, 1875: Nr. 300, S. 390 1874 kyr., serb.

ĆURČIĆ Stevan

Mali dimničar.

Pripovetka za decu od Hristofa Šmida. Posrbio S. Ć.

S jednim čelikorezom i sa više drvoreza.

Nakladom knjižare G. J. Manca.

Der kleine Rauchfangkehrer.

Erzählung für Kinder von Christoph Schmid. Serbische Übersetzung von S. Ć.

Mit einem Stahlstich und mehreren Holzschnitten.

Verlag G. J. Manz.

103 S.

30 Add. Nr. 121

SRBADIJA

Ilustrovan list za zabavu i pouku.
Godina prva.
Vlasnik i izdavalac Jovan Stefanović Vilovski.

Odgovorni nrednik Srećko Majer.

Illustrierte für Unterhaltung und Wissen.

Erster Jahrgang.

Eigentümer und Herausgeber: Jovan Stefanović Vilovski (nur auf der ersten Nummer –!)

Verantwortlicher Redakteur: Srećko Majer

Jahrgang 1 Nr. 1 v. 26. 10. 1874

V.: Glasnik Srpskog učenog društva, 44. Beograd, 1877, Nr. 210, S. 335

In: Bote der Serbischen gelehrten Gesellschaft, 44. (...) Jahrgang 3, 1877. Nur eine Nummer.

Jahrgang 3, 1877

V.: Glasnik Srpskog učenog društva, 65. Beograd, 1886, Nr. 266, S. 53

In: Bote der Serbischen gelehrten Gesellschaft, 65...

31 Glasnik Srpskog učenog društva, 46. Beograd, 1878, Nr. 209, S. 289, Hrkalović, S. 219 1876 kyr., serb.

Bote der Serbischen gelehrten Gesellschaft. 46...

MLADA Srbadija.

Ilustrovani list, zabavni i poučni.

Vlastnik i izdavalac Nikola Kapamadžija.

Illustrierte für Unterhaltung und Wissen.

Eigentümer und Herausgeber: Nikola Kapamadžija.

Jahrgang 1, 1876.

Wurde für kurze Zeit auf 8 Seiten mit einer Modeseite gedruckt.

32 Bgd.: II 44824 1877 kyr., serb.

LJUBIŠA Stjepan Mitrov

Pričanja Vuka Dojčevića.

Skupio i složio S. M. L.

Sveska peta.

Izdaje uredništvo *Srpske Zore.*

Erzählungen Vuk Dojčević'.

Gesammelt und geordnet von S. M. L.

Fünfter Band.

Herausgegeben von der Redaktion der *Srpska Zora.*

160 S.

33 Glasnik Srpskog učenog društva, 65. Beograd, 1886: Nr. 347, S. 166 1878 kyr., serb.

LJUBIŠA Stjepan Mitrov

Životopis.
Izdalo uredništvo *Srpske Zore*.

Biographie.

Herausgegeben von der Redaktion der *Srpska Zora*.

36 S.

34 Glasnik Srpskog učenog društva, 65. Beograd, 1886: Nr. 193, S. 130–131 1878 kyr., serb.

NOVAKOVIĆ Stojan

Djuro Daničić ili filologija i književni jezik srpski 1847 i 1877. Prilikom proslave tridesete godine književnoga rada Daničićeva.

Napiaso S. N.

Na po se štampano iz *Srpske Zore*, 1878, sv. 1–3.

Djuro Daničić oder Philologie und serbische Schriftsprache 1847 und 1877.

Aus Anlaß der Dreißig-Jahr-Feier der literarischen Arbeit Daničić'.

Verfasser: S. N.

Separatdruck aus *Srpska Zora* 1878, Bd. 1–3.

19 S.

35 M: ohne Sign. 1906 172 × 105 kyr., Ant. serb., dt. D: S. 25, lose

UT Pravila srpske grčko-istočne crkvene opštine „Sv. Save“ u Beču. Zaključena u vanrednoj glavnoj skupštini 7./20. maja 1906.

24 S.

Statut der serbischen griechisch-orientalischen Kirchengemeinde „Zum heiligen Sava“ in Wien. Beschlossen in der außerordentlichen Generalversammlung vom 7./20. Mai 1906.

31 S.

Poslovni red srpske pravoslavne opštine bečke. Zaključen i odobren od glavnog odbora opštinskog u sednici držanoj dne 18./31. maja 1906.

25 S.

Geschäftsordnung der serbisch-orthodoxen Wiener Gemeinde. Beschlossen und gebilligt vom Hauptausschuß der Gemeinde in der Sitzung vom 18./31. Mai 1906.

36 N: 450.857 A U: I 362 392, I 329 278 1907 151 × 121 kyr., serb. D: T. Hl.

MANOJLOVIĆ Svetozar

Šaroperke. Odgajio S. M.

Bunt Gefiederte. Aufgezogen von S. M.

S. 1–2 Mili rode (U mesto predgovora) Einleitungsgedicht.

Inc.: *Piju! Piju! ... Čuj der, mili brale!*
Čuj der ptice, što mi vile dale,
Da ich, rode, za tebe odgajim.

Expl.: *Ako š' koju baš po volji nije,*
Ne zavrći odmah svima šije!

Datiert Januar 1907.

S. 3–109 Gedichte, S. 110–112 Sadržaj. (Inhalt)

Insgesamt 76 Gedichte, 29 davon, deren Autoversionen Manojlović in seinen deutschen Versbänden veröffentlicht hat, sind mit einem Asteriscus gekennzeichnet.

S. 79 f. *Ljudi i - - - Bog* nach Peter Rosegger. S. 108 zweisprachiges, dt.-serb. Scherzgedicht.

Katalog knjiga VII, 65 (Buchkatalog VII, 65)

37 U: II 1,085.588 1987 280 × 192 kyr., serb. D: T Gl.

BRKOVIĆ Živko

Sudbina rukopisa „Gorskog vijenca"

Das Schicksal der Handschrift des „Bergkranzes" (von P. P. Njegoš)

272 S.

Facsimile der Handschrift S. 138–192; Facsimile der Erstausgabe (Wy Slavica Nr. 63).

38 Beschrieben nach Ablichtung. Original in der Nationalbibliothek Zagreb. Auf T Besitzvermerk Velimir Gaj 1815 210 × 135 kroat., dt. ital. Ant., Fraktur D: T

DOROTIĆ Andrija

Kratko iskazanje jednoga dogadjaja, u komuse nasca godine 1813. Redovnik F. A. D. Sloxeno od istoga u redke obiçaine kod naroda illiricskoga.

Bùddi mènnì pròsto rech čùvenâ
A Istini izrùçit vidjenâ.

Kurzer Bericht über ein Ereignis, das dem Ordensmann P. A. D. im Jahre 1813 widerfuhr. Von demselben in Verse gebracht, wie sie beim illyrischen Volk üblich sind.

Acht Zeilen Widmung in Versen; IV–VII Pridrazloxje, endet mit 21-zeiligem Gedicht; (9)–36 Pisma (Dichtung); 37–47 Zabilexenje, endet mit 16 Verszeilen; (49) Attestate von Oberst Rebrovich und Hauptmann i. G. Johann v. Hrabovsky; (50–51) Brief an D. von Graf Ignazio Gyulai (italien.); (52–53) Attestat des Dalmatinischen Truppen-Corps-Commandanten B. Knezevich, datiert Zara 1809; (54–55) Zeugnis des Generalmajors und Brigadiers Siegenfeld im Feldlager zu Szerno.

Incipit der „Pisma“: *U poçèlo trìnèste godine*
Zà hiljadom, i osme stòtine,
Zìma prògie, a pròlitje dogie
Kak' Oxujak juxni vitàr nàgie

Explizit: *Na rastànku svèsam pogliùbio:*
Çzellujùchi suzzàm obòrio:
Paksam dòbra kognia posìdnuo
I sgnimàmse tàko rastànuo.

KUK S. 34, Nr. 360

Die gereimten Deseterci weisen auf Andrija Kačić-Miošić' „Razgovor ugodni“ als Vorbild.
Der erste slavische Mechitharistendruck, die Auflage betrug 100 Stück (Dušan Berić, A. D. i njegove pjesme, in: Anali Historijskog Instituta JAZU u Dubrovniku, I, 1952, 465–475, hier S. 474), War schon um 1900 ein Rarissimum.

Dušan Berić, A. D. und seine Lieder, in: Annalen des Historischen Instituts der Kroatischen Akademie der Wissenschaften in Dubrovnik, I,...

39 KUK Nr. 577, S. 51 1833 kroat.

HOFFMAN Emanuel

Naredbe od izvoda svile za seljane slovenske i horvatske izpisane. Anleitung zur Seidenherstellung für slowenische und kroatische Bauern.

40 KUK Nr. 1101, S. 96 1842 ital., kroat.

Memoria perenne del amato vescovo M. Ant. Giuriceo questo funebre serto tributa la beneficata popolazione di Ragusa.

(Hrvatske pjesme od kanonika Nikole Arbanasa, Antuna Kaznačića, Pacifika Radeljevića. Mate Vodopića, Georgija Nikolajevića).

Ewiges Gedenken an den geliebten Bischof M. Ant. Giuriceo, für dessen Begräbnis die dankbare Bevölkerung von Ragusa einen Kranz gespendet hat.

(Kroatische Lieder von den Kanonikern Nikola Arbanas, Antun Kaznačić, Pacificus Radeljević, Mate Vodopić, Georg Nikolajević).

41 KUK Nr. 961, S. 83 1844 kroat.

LALIĆ Josip

Način vračtva suproti steklini iliti o grizu běsnih pasah pri čověku i blagu.

Wie man Tollwut heilt oder Über den Biß tollwütiger Hunde bei Mensch und Vieh.

42 KUK Nr. 1673, S. 144 1844 kroat.

ROČIĆ (ROCCI) Antun

Duh keršćanski očitovan u molitvah.

Christlicher Geist offenbart in Gebeten.

254 S.

43a N: 15.055 B 1850 230 × 150 Ant. lat., kroat., dt. D: T Prachteinband aus weinrotem Samt, Rückendruck, Goldpressung Staatswappen auf beiden Deckeln, dreiseitiger Goldschnitt, besonders starkes Papier, Deckel innen und Vorsatzblätter mit Seide gefüttert.

HAULIK DE VÁRALLYA Georgius (Juraj)

Selectiores encyclicae literae et dictiones sacrae. Tomus I continens Encyclicas literas cum dupplici appendice, quarum altera nonnullas ad clerum juniorem, altera ad sorores miseri-cordiae instituti Zagrabiensis habitas allocutiones exhibit. Ausgewählte Rundschreiben und Predigten. Band I: Rundschreiben mit zweifachem Anhang, von dem sich der eine an den jüngeren Klerus, der andere an die Barmherzigen Schwestern des Zagreber Instituts wendet.

/2 S./ Vorwort „Venerabili clero"; /2 S./ Index, 431 S. Text, S. 431 Errata.

1–254 lat. Litterae pastorales; 255–268 erster kroat. Hirtenbrief vom 16. 7. (srpanj) 1848; 269–392 lat. Text; 393–431 drei deutsche Predigten. Bemerkenswert: S. 248–254 Provocata vero declaratio Cleri districtus Gradiscani ad verbum haec est Duhovnič-to Rimo-katoličkog věroizpovidanja okružja gradiškog na gos. poklisara, koj u ime biskupije Zagrebačke rimo-katoličku Cèrkvu na sabori, u Zagrebu 5. Lipnja t.g. (1848) otvorit sa imajućemu zastupao bude (Text kroat.); S. 255–268: Litterae pastorales, intuitu recti conceptus vocum *Libertas, Aequalitas, Fraternitas* ad fidelem dioeceseos populum dimissae anno 1848.

Römisch-katholische Geistlichkeit der Diözese des Burgenlands für den staatlichen Nuntius, der im Namen des Zagreber Bischofs die römisch-katholische Kirche in der Volksversammlung, die in Zagreb am 5. Juni dieses Jahres (1848) eröffnet werden soll, vertreten wird.

KUK S. 50, Nr. 561

43b N: 15.055 B 1850 230 × 150 Ant. kroat. D: T Prachteinband wie Bd. 1

Selectiores encyclicae literae et dictiones sacrae Tomus II continens dictiones sacrae in ecclesia cathedrali Zagrabiensi ad concionem habitas, cum dupplici itidem appendice, quarum una aliquot ad

6

Borović, *m.* kleiner Kürbis, m.
Borovnjak, *m.* Krammetsvogel, m.
Bosilj, bosiljak, bosiok, *m.* Basilikum, n.
Bosotinj *f.* Barfüßigkeit, f.
Bota, *f.* Stock, Prügel, m.
Bozi, bogovah, *m.* pl. die Götter, m.
Božica, *f.* Göttin, f.
Božanstvo, *n.* Gottheit, f.
Božjak, *m.* Bettler, m.
Božić, *m.* Christtag, m.
Bračni drug, *m.* Ehegatte, m.
Bračno pravo, *n.* Eherecht, n.
Bračni ugovori, *m.* pl. Ehepakten.
Bratja, *f.* die Brüder, m.
Bradaš, *m.* Langbart, m.
Bradavica, bradavka, *f.* Warze, f.
Bradva, *f.* Zimmeraxt, f.
Brajan, brajo, *m.* Brüderchen, n.
Brajda, *f.* Rebenlaube, f.
Brale! *m.* Bruder! m.
Brak, *m.* Ehe, f.
Brana, *f.* Wehre, Egge, f.
Branica, gepflücktes Obst, n.
Branik, *m.* Bügel am Gewehr, m.
Branje, *n.* Sammeln, n.
Branjevina, *f.* Gehäge, n.
Branjug, *m.* Krammetsvogel, m.
Brašančevo, *n.* Fronleichnamsfest, n. v. tělovo.
Brašnar, *m.* Mehlhändler, m.
Brašnara, *f.* Mehlkammer, f.
Brašnjenica, *f.* Reisezehrung, f.
Brašno, *n.* Mehl, *n.*
Bratanica, *f.* Bruderstochter, f.
Bratanić, *m.* Brudersohn, m.
Bratić, *m.* Neffe, m.
Bratična, *f.* Nichte, n.
Bratimstvo, bratstvo, *n.* Brüderschaft, f.
Bratučed, *m.* Vetter, Cousin, *m.*
Bratučeda, *f.* Muhme, Cousine, f.
Bratva, *f.* Weinlese, f.
Brav, *m.* Widder, Schöps, m.
Brava, *f.* Schloss, n.
Bravar, *m.* Schlosser, m.
Bravetina, bravina, *f.* Schaffleisch, n.
Bravenjak, *m.* Krammetsvogel, m.
Brazda, *f.* Furche, f.
Brazdaš, *m.* der rechte Pflugochs.
Brazgotina, *f.* Narbe, f.
Brěg, brěžak, *m.* Berg, Hügel, m.
Bregunica, *f.* Mauerschwalbe, f.
Brekinja, *f.* Sperberbaum, m.
Brěmenica, *f.* Tragfass, n.
Brěmenoša, *m.* Lastträger, m.
Brence, *n.* Glockenschwengel, m.
Brenta, *f.* Butte, f.
Brěskva, *f.* Pfirsichbaum, m.
Brěst, *m.* Ulmenbaum, m.
Brěstovina, *f.* Ulmenholz, n.
Brěšlje, *n.* die Ulmenbäume, m.
Brěza, *f.* Birke, f.

Brézik, *m.* Birkenwald, m.
Brězovača, Birkenstock, m.
Brězovac, *m* Birkenstab, m.
Brěžak, *m.* Hügel, m.
Brěžuljak, *m.* Anhöhe, f.
Brěžnjaca, *f.* Bergofen, m.
Brica, britva, *f.* Rasiermesser, n.
Brid, *m.* Schärfe d. Schwertes, f.
Briga, *f.* Sorge, f.
Brljač, brijalac, *m.* Barbier, *m.*
Broć, *m.* Färberröthe, f. Krapp, m.
Brod, *m.* Schiff, *n.* Furt, f.
Brodar, *m.* Schiffer, m.
Brodarina, *f.* Schiffgeld, n.
Brodarna, *f.* Arsenal, n.
Brodište, *n.* Überfahrt, f.
Brodokèršje, *n.* brodolom, m. Schiffbruch, m.
Broskva, *f.* Kohl, m.
Brozgva, *f.* božurak, *m.* Gichtrose, f.
Bruka, *f.* Schande und Spott.
Bruklje, *f.* pl. Ofengabel, f.
Brukvica, *f.* Nägelchen, n.
Brunda, *f.* Maultrommel, f.
Brus, *m.* Schleifstein, m.
Buba svilena, *f.* Seidenwurm, m.
Bubar, *m.* Seidenraupenhändler, m.
Buba, *f.* kriechendes Ungeziefer, n.
Buba, *f.* Krebskrankheit, f.
Bubalica. *f.* Kinderspiel. n.

Bubanj, m. Trommel, f.
Bubnjar, *m.* Tambour, m.
Bubotak, *m.* Faustschlag, m.
Bubreg, *m.* Niere, f.
Bubrěžnjaci, *m.* pl. Nierenstück, n.
Bubuljica, *f.* Pustel, f.
Bucman, *m.* Pausback, m.
Buče, *n.* budac, *m.* Truthahn, m.
Bućka, *f.* Butterrolle, f.
Bućkalo, *n.* Plumpkeule, f.
Buda, *f.* Holzwarengewölb, n.
Budala, *m.* Thor, m.
Budalaš, *m.* thörichter Mensch.
Budalaština, *f.* Thorheit, f.
Budija, *f.* Truthenne, f.
Budionik, *m.* Weckhammer, m.
Budj, budja, *f.* Beschlag, m.
Budućnost, *f.* Zukunft, f.
Budžulja, *f.* kleinhörnige Kuh.
Bugija, *f.* starke Ausdünstung, *f.*
Buha, *f.* Floh, m.
Buhara, *f.* Arrest, m.
Buhavac, *m.* schwammichter Laib Brot.
Bujica, *f.* Regenbach, m.
Buka, *f.* Lärm, m.
Bukač, *m.* Brülloches, m.
Bukagije, *f.* pl. Fußfesseln, f.
Bukavac, *m.* Rohrdommel, f.
Bukovac, *m.* Buchenstab, m.
Bukovina, *f.* Buchenholz, n.
Bukva, *f.* Buche, f.
Bukvar, *m.* Abcbuch, n. Fibel, f.
Buktinja, *f.* Fackel, f.

fidelem populum occasione dispersati sacramenti confirmationis, altera ad proles, dum primam sacram communionem perâgerent habitas paraeneses complectitur. Ausgewählte Rundschreiben und Predigten. Band II: Predigten, die in der Zagreber Kathedrale vor Gläubigen gehalten wurden, mit zweifachem Anhang, von denen der eine vor dem gläubigen Volk aus Anlaß der Spendung des Sakraments der Firmung verlautbart wurde, der andere Ermahnungen der Jugend bei der Ersten heiligen Kommunion umfaßt.

/2 S./ Elenchus; 368 S. Text, Pogreške tiska. Druckfehler.

21 kroat. Predigten aus den Jahren 1838–1850, elf Paraeneses.

43c U: I 261 789, vol. 3 1853 230 × 150 Ant. lat., kroat. D: T Hldr., Rückendruck

Selectiores encyclicae literae et dictiones sacrae Tomus III continens: Encyclicas literas, et dictiones quadragesimales de annis 1851 et 1852. Item per modum appendicis, Bullam Pontificam de evectione episcopatus Zagrabiensis in archiepiscopatum. Ausgewählte Rundschreiben und Predigten. Band III: Rundschreiben und vierzig Predigten der Jahre 1851 und 1852. Als Anhang die päpstliche Bulle über die Erhebung des Bistums Zagreb zum Erzbistum.

III–IV Venerabili Clero salutem; (V)–VII Index; 1–82 Pars I. Literae Encyclicae (lat.); (83–282) Pars II. Dictiones quadragesimales A De anno 1851 (83–188), B. De anno 1852 (189–282). Je acht Fastenpredigten in kroat. Sprache. 283–320 Päpstliche Bulle, Predigt des Kardinals Viale Prela.

43d U: I 261 789 vol. 4 o. J. 230 × 150 Ant., lat., dt. D: T Hldr., Rückendruck

Selectiores encyclicae literae et dictiones sacrae. Tomus IV continens encyclicas, seu pastorales literas de annis 1854, 1855, 1856, 1857 et 1858, item dictiunculas variis occasionibus pronunciatas. Ausgewählte Rundschreiben und Predigten. Band IV: Rundschreiben oder Hirtenbriefe aus den Jahren 1854, 1855, 1856, 1857 und 1858, desgleichen Ansprachen, die zu verschiedenen Anlässen gehalten wurden.

(III)–IV Index; 345 S. Text; S. 347 Errata. Deutscher Text ab S. 335.

Građa za hrvatsku retrospektivnu bibliografiju knjiga 1835–1940.

Material für die kroatische retrospektive Bibliographie 1835–1940. Buch 6, Zagreb...

Knjiga 6, Zagreb 1985, S. 23–24.

Die Bände V–VII wurden nicht bei den Mechitharisten gedruckt.

44 U: I 16 783 1858 201 × 123 Frakt., Ant. kroat., dt. D: T_v
Bibliothekseinband

HAUSZER Fabian

Kroatisch-deutsches Wörterbuch für Schullehrer. Mit besonderer Rücksicht auf den Dialekt der Kroaten in der Raaber Diözese bearbeitet von F. H., Domherrn und Rabauer Archidiakon. Geb. in Leinwandrücken 45 Neukreuzer. Im K.K. Schulbücher-Verlage.

/1/ Erklärung der Abkürzungen und Accente; 194 S., /1/ Inhalt (Abb. 2)

KUK S. 50, Nr. 563

Moderne (Gaj-)Orthographie

Vergleicht man die entsprechenden Abschnitte in der Abbildung mit jenen im „Wortschatz des Burgenländischkroatischen“ von Elisabeth Palkovits (Wien 1987, S. 27–31), zeigt sich ein unerwartet geringes Maß an Übereinstimmung.

45 KUK Nr. 288, S. 29 1858 kroat.

Crkvene pjesme za školsku mladež i za puk izdane po Ivanu Stohlu i Josipu Torbaru.
Svezak I.
S notama.

Kirchenlieder für die Schuljugend und das Volk, herausgegeben nach Johann Stohl und Josef Torbar

Band 1.

Mit Noten.

70 S.

46 Bgd.: C-II 361 1861 kroat.

Zrcalo talijanstva u Dalmaciji.

Razor i prosutak Dalmaciji u njezinim učionam jednim Dalmatincem.

Spiegel des Italienertums in Dalmatien.

Zerstörung und Zerfall Dalmatiens in seinen Klassenräumen, bewirkt von einem Dalmatiner.

98 S.

47 Gradja za hrvatsku retrospektivnu bibliografiju knjiga 1835–1940, knj. 1, Zagreb, 1982: Nr. 1450, S. 128 1863 kroat.

Material für die kroatische retrospektive Bibliographie 1835–1840, Buch 1, Zagreb...

BAKULA Petar

Hercegovina za devetnaest godinah vezirovanja Hali-pašina.
Spievao jedan Hercegovac.
Troškom Hervačanina.

Die Herzegowina in den neunzehn Jahren der Herrschaft des Wesirs Hali-paša.

Von einem Herzegowiner.

Auf Kosten eines Kroaten.

VI + 3–97 S.

48 Glasnik Srpskog učenog društva, 41. Beograd, 1875: Nr. 84, S. 373 1874

Jugoslavenska slova.

Jugoslawische Buchstaben.

20 S.

49 M: 1215 M 5 N: 48 053 B U: I 9385 1885 243 × 158 Ant. kroat. D: T M broschiert, N, U Bibliothekseinband

UT Hrvatsko pitanje i državopravna nagoda skopljena medju kraljevinom Ugarskom i kraljevinami Dalmacijom, Hrvatskom i Slavonijom sa njezimi povredami, dalje usporedjenje autonomije hrvatske sa autonomijom velike kneževine Finske (Finnland) Naklada slavjanske knjižare St. Pražáka

Die kroatische Frage und der staatsrechtliche Ausgleich, geschlossen zwischen dem Königreich Ungarn und den Königreichen Dalmatien, Kroatien und Slawonien, mit seinen Verletzungen, ferner ein Vergleich der kroatischen Autonomie mit der Autonomie des Großfürstentums Finnland.

Verlag der slavischen Buchhandlung St. P.

94 S.

Nicht in *Katalog knjiga*.

50 N: 513 148 A 1915 193 × 94 Ant. kroat. D: S. 31 broschiert (UT)

Mali molitvenik za naše vojnike (kao rukopis tiskano). Kleines Gebetbuch für unsere Soldaten. (Als Manuskript gedruckt.) Zentralstelle für Soldatenlektüre Wien IX/4, Canisiusgasse 16.

T_v latein. Imprimatur, 3–4 Vorwort „Zdravo prijatelju!" 31 S. Text, /1/ Sadržaj. U_4 Dragi moj druže... (Soldaten mögen sich wegen Lektüre an die Zentralstelle wenden.)

Fehlt in *Katalog knjiga*.

51 U: I 555 708 N: 696 046 – A 1941 141 × 103 Ant. burgenld.-kroatisch D: S. /4/ Bibliothekseinbände

HORVÁTH Štefan

Pobožnosti naroda. Sestavil Š. H. Farnik
Verlag Herder + Co. Wien
Andachten des Volkes. Zusammengestellt von Pfarrer Š. H.
76 S. S. 4 Imprimatur, Zadržaj 75 f.

Die zweite Auflage von 1948 (116 S.) wurde bei Josef Müller gedruckt.

52 U: I 550 678 N: 696 397 A 1941 146 × 106 Ant. burgenländ.-kroatisch D: S. 592 Kunststoffeinband, Blindpressung auf Deckel, Rückendruck

MERŠIĆ Martin ml. (jun.)

Kruh nebeski. Hrvatski katholičanski molitvenik. Pomoćom već duhovnikov sastavil M. M. ml.

Herder + Co.

Himmelsbrot. Kroatisches katholisches Gebetbuch. Mithilfe mehrerer Geistlicher zusammengestellt von M. M. d. J.

(2) latein. Imprimatur, Text (3)–566, Zadržaj 567–592; (2) latein. Responsorien

Eine andere Auflage dieses Gebetbuches wird heute noch verwendet.

53 S: D XIII 101 o. J. (1986) 224 × 175 Ant., Noten burgenld.-kroatisch D: T_v Gl. mit Schutzumschlag (stilisierte Marienwallfahrt)

DOBROVICH Jakob

Duhovne jačke gradišćanskih Hrvatov u vrimenu oko ljeta 1800. Geistliche Lieder der burgenländischen Kroaten aus der Zeit um 1800.

T_v Eigenverlag

(1) Predgovor von Štefan Zvonarić; (1) Zadržaj; 9–125

(1) Vorwort von Stefan Zvonarić; (1) Inhalt; 9–125

Liedertexte, meist mit Noten, einige mit Anmerkungen. Aus alten Handschriften im Besitz von Dobrovich.

54 SVK Brno: 1–726.244–Vo/Rů 1830 12° Frakt. tschechisch D: T.

PETRÁK Jan Křtitel Oldřich

Katolická misyonárnj knjžka nebo vwedenj ku křest'anskému žiwobytj. W češtinu vwedená od J. K. O. P.

Katholisches Missionsbüchlein oder Anleitung zu einem christlichen Leben. Ins Tschechische übertragen von J. K. O. P.

IV+ 409 S., /3/, /1/ Beilage

Doucha 23, dort unter *Cvičení,* Erscheinungsjahr 1829.

Wy. Slavica Nr. 169, 4. Auflage 1839 (ohne Übersetzerangabe). Beschrieben laut Katalogzettel der Brünner SVK.

55 M: 1290 M 5 1847 219 × 148 Frakt. tschech. D: T broschiert.

Slawnost poswěcenj chrámu Páně Hlubockého dne 16ho kwětna 1847 Geho Eminencj Kardinálem Bedřichem knjžetem ze Šwarcenberků, arcibiskupem solnohradským atd., atd. konána.

Die Feier der Weihe des Gotteshauses in Frauenberg durch Se. Eminenz Kardinal Friedrich Fürst Schwarzenberg, Erzbischof von Salzburg etc. etc.

(2) latein. Verse; (3) – 16 tschech. Verstext

Inc.: *Radujme se všickni dnes*

Expl.: *Dej nám zdraví přitom stálé*
a věčné požehnání

Doucha 232

56 St: MF Yb 52 (Mikrofilm vom Exemplar der Prager Státní knihovna) Antiqua tschechisch D: jeweils letzte Seite

Vídeňský denník

Wiener Tageszeitung

Chefredakteur Hermenegild Jireček

Nr. 136 v. 13. 6. 1851 – Nr. 5 v. 10. 1. 1852

Die Erscheinungsweise wechselte, zunächst sechsmal wöchentlich, ab 4. 10. 1851 wöchentlich, ab 19. 11. zweimal wöchentlich. Auch der Umfang änderte sich.

Zum Inhalt:

Wiederholt behandelte Themen waren: die Sprachenfrage in der Slowakei; Spenden für die Errichtung eines Nationaltheaters in Prag; der Konflikt um František Ladislav Rieger, der in Prag seine Habilitationsschrift in tschechischer Sprache eingereicht hatte, Probefahrten auf der Semmeringbahn, zuletzt über die Ereignisse in Paris (Napoleon III.).

Regelmäßig Korrespondentenberichte aus der Slowakei, aus Prag und Krakau, gelegentlich auch aus der eigentlichen Provinz (Iglau, Kolomea u. a.). Verhältnismäßig reicher Auslandsteil. Regelmäßig Berichte über Deutschland, Frankreich, England, Italien, gelegentlich aus den USA, der Schweiz und Griechenland.

Laut Doucha erschien die erste Nummer am 9. 6. 1850, die letzte war Nr. 6 aus 1852, wohl vom 12. 1. Der *Vídeňský denník* mit dem Kulturteil *Vesna* (hier Nr. 57) erinnert stark an die vom selben Personenkreis herausgegebenen *Slovenské noviny* (Wy. Slavica Nr. 186) und den entsprechenden Kulturteil *Světozor*.

Nach Štědronský wurde der *Vídeňský denník* auf Initiative und mit den Mitteln der Wiener Regierungskreise als Gegengewicht zu Havlíčeks *Slovan* gegründet.

Einzelne Positionen:

Nr. 138 v. 16. 6.	Bericht über die Wiener Aufführung des Stückes „Paní Marjanka, matka pluku“ von J. K. Tyl; „Frau Marianne, Mutter des Regiments“ von J. K. Tyl
Nr. 139 v. 17. 6.	Notwendigkeit slawischer Schulen in Wien
Nr. 141 v. 20. 6.	Notiz über die Übersiedlung Mickiewicz’
Nr. 142 v. 21. 6.	Über die Kirche Maria am Gestade

Nr. 153 v. 4. 7.	Notwendigkeit der Pflege der (gesamtösterreichischen) Geschichte an den Gymnasien und Universitäten
Nr. 154 v. 5. 7.	Unter den Spendern für das Nationaltheater in Prag erscheinen u. a. Jan Dvořáček, Hermenegild Jireček, Ivan Holovaćkyj, Alois Vojtěch Šembera, Vincenc Furch
Nr. 157 v. 9. 7.	Über die Lausitzer Sorben
Nr. 158 v. 10. 7.	Tschechische Schulen für Wien
Nr. 166 v. 19. 7.	Slawischsprachige Schulbücher. Am schlechtesten stehe es mit ruthenischen, slowenischen und serbischen, am besten mit polnischen, kroatischen und tschechoslowakischen Unter den Spendern für das Nationaltheater erscheinen Jan Kollár, Karol Kuzmány, Daniel Lichard und Jonáš Záborský
Nr. 168 v. 22. 7.	Versuch, das Kirchenslawische als Schriftsprache für alle Slawen einzuführen (Franta in Prag) Die *Südslawische Zeitung* plädiere für das Russische, Spott über schlechte Russischkenntnisse in Prag
Nr. 174 v. 29. 7.	Tschechisches Theater in Wien
Nr. 183 v. 8. 8.	Über den Prager Slavenkongreß und sein Scheitern wegen der Polen: „Pomíne péči o domácí věci, počal se starati o cizí“ „Es schwindet die Sorge um Dinge zu Hause, er begann, sich um fremde zu bemühen“
Nr. 184 v. 9. 8.	Polemik mit den Periodika *Slovan* und *Pražský prostonárodní list.*
Nr. 190 v. 18. 8.	Statistik des Verkaufs slowenischer und „illyrischer“ Schulbücher in Triest.
Nr. 192 v. 20. 8.	Kritik der Kaiserlichen Akademie, pflegt die gesamtösterreichische Geschichte zu wenig
Nr. 201 v. 30. 8.	Schulwesen in Kroatien
Nr. 204 v. 3. 9.	Gründung der Mohorjeva družba

Nr. 223 v. 26. 9.	Grundsätzlicher Leitartikel
Nr. 229 v. 18. 10.	Großer Leitartikel über das Slawentum in Österreich
Nr. 230–232	
v. 25. 10.–8. 11.	Reise des Kaisers durch Galizien
Nr. 231 v. 1. 11.	Slawische Literaturen
Nr. 233 v. 15. 11.	Nekrolog auf Petar Petrović Njegoš
Nr. 234 v. 19. 11.	Fehlen einer slawischen Buchhandlung in Wien
Nr. 237 v. 29. 11.	Kirchensynode des Kreises Chemnitz
Nr. 246 v. 24. 12.	Krise des tschechischen Pressewesens in Österreich
Nr. 1 v. 2. 1. 1852	Ganz der neuen Verfassung gewidmet

Doucha 30

Štědronský, S. 50, Nr. 252

Lit.: J. Karásek, Sborník čechů dolnorakouských, Wien 1895, 35 f. J. Karásek, Sammelband der niederösterreichischen Tschechen, Wien 1895 ...

57 Státní knihovna Praha: Staatsbücherei Prag: Hs. 54 ... Rkp. 54 A 122 Reader-Printer Kopie im Besitz des Verfassers 1851–1852 Ant. tschech. D: jeweils auf der letzten Seite

Vesna. List pro belletristiku, umění a literaturu. Odpov. redaktor Hermenegild Jireček.

Frühling. Blatt für Belletristik, Kunst und Literatur. Verantw. Redakteur H. J.

1851 Nr. 69 v. 14. 6. – 128 v. 31. 12., S. 275–564. Vom Jahrgang 1852 2 Nummern, irrtümlich als 1851 bezeichnet. Mit Jahresinhaltsverzeichnis für 1851 in Nr. 128. Es fehlt Nr. 73.

Ursprünglich Beilage zum *Vídeňský denník* (hier Nr. 56)

Aus dem Inhalt:

Regelmäßige Rubriken: Slovanský věstník, Slovanské rozhovory, Zprávy vědecké, umělecke; Berichte über slawische und slawistische Vorlesungen, Sitzungen Gelehrter Gesellschaften, Slawisches Zeitschriftenwesen, viele Nachrichten aus Rußland, über die Londoner Weltausstellung, Slavica-Bibliographie, Směs (Kuriosa)

Größere Beiträge in Fortsetzungen: Hus, Jeronym a Jakoubek, Nr. 69–128 mit Unterbrechungen;

Dvě královny. Původní povídka z dějin českých. Zwei Königinnen. Originalerzählung aus der böhmischen Geschichte (...); Prokop Chocholoušek: Zahynutí Suly. Původní povídka z života řeckoslovanského, Nr. 70–74; P. Ch.: Der Untergang Sullas. Originalerzählung aus dem griechisch-slawischen Leben, Nr. 70 ... Nr. 77–113 mit Unterbrechungen;

Ivan Macun: Listy o literatuře jihoslovanské, besonders über Ivan Gundulić, Nr. 89, 96, 98, 102, 110;

Jan Arnošt Smoleř: Volksleben bei den Lausitzer Sorben Nr. 82, 101, 104 (mit Sprachproben „Vater unser“ und „Kde domov můj“ [„Wo ist meine Heimat“] ober- und niedersorbisch), 108 (über Literatur), 125;

Halič v ohledu prostonárodním, veřejním a literárním Nr. 109, 111, 112. Galizien in volkstümlicher, öffentlicher und literarischer Sicht Nr. 109 ...

Polemiken gegen den slowakischen Separatismus. Nr. 69, Jan Kollár, Slovo k milosníkům česko-slovenské jednoty a literatury na Slovensku. Celé ty novovydané „Pohl'adi“ nic jiného nejsou, než ustavičné příme a nepříme sebe, svých zásluh a své stránky zbožňování, a všeho, co na té stránce nebylo a není zatracování a špinění ... . Nr. 75, Nr. 81 Offener Brief an die *Slovenské Noviny*. Jan Kollár, Wort an die Liebhaber der tschechoslowakischen Einheit und Literatur in der Slowakei. „Alle diese Neuausgaben der *Pohl'ady* sind nichts anderes als eine direkte und indirekte Vergötterung seiner selbst, seiner Verdienste und seiner Seite, und all dessen, was es auf dieser Seite nicht gegeben hat und nicht verloren oder verleumdet worden ist ..., (...) an die *Slowakische Zeitung*.

Einzelne Positionen:

Nr. 75	České divadlo ve Vídni (Das tschechische Theater in Wien), auch Nr. 95
Nr. 78	Rez. der Povídky z kraje von František Pravda (Rez. der Erzählungen aus der Gegend von Fr....)
Nr. 80	Kommission des Ministeriums für Festlegung der tschechischen wissenschaftlichen Terminologie f. Mittelschulen

	Forderung einer südslavischen Einheitssprache mit kyrillischer Graphik, Kroaten sollen Lateinschrift aufgeben
Nr. 84	Tschechische Volkslieder in deutscher Übersetzung (betr. Ida v. Düringsfeld, Böhmische Rosen, Breslau 1851)
Nr. 86	Bericht über deutsche Übersetzungen slavischer Volkslieder (Kapper, Vogl, Waldau)
Nr. 92	Přísloví polská (Polnische Sprichwörter) (angeregt durch das Buch von Wurzbach, Wien 1851) Notiz über ruthenische Literatur
Nr. 97	Počátek a běh českého divadla v Praze (Beginn und Fortgang des tschechischen Theaters in Prag)
Nr. 99 u. 100	J. E. Wocel, Dopisy archeologické (Archäologische Schriften)
99	Stav českého jazyka za posledního věku (Der Zustand der tschechischen Sprache im vergangenen Jahrhundert), auch Nr. 100
Nr. 103–107	Československý ústav v Břetislavé (Das tschechoslowakische Institut in Břetislav)
Nr. 105	Die Slawische Nation an der Universität Wien
Nr. 109	Slowakisches Theater in Chemnitz Ein Bild von Jaroslav Čermák auf der Brüsseler Ausstellung
Nr. 110	Amateurtheater in Zagreb
Nr. 114	Über die Matica Srpska. Die Pflege des Serbischen ist wichtiger als die Schaffung einer slawischen Einheitssprache Programm für die Beseda in Wien am 30. 9.
Nr. 115–117	Republika Babínská
115	Archäologische Reise von Wocel
	Tschechische Übersetzungen klassischer Texte
	Russische Belletristik im ersten Vierteljahr 1851 (u. a. über Turgenev)
	Slawische literarische Institutionen in Österreich, bes. Ossolineum

Bericht über die *Československá beseda* vom 30. 9., geringer Besuch. Der Bericht zitiert abschließend ein dort vorgetragenes sechsstrophiges nationales Gedicht:

Inc.: *Po dlouhé noci opět zasvitnul den*

Expl. *Pak máme jisté lepších časů nebe*
Jen se nepust'me zákona a – sebe!

Nr. 116 Exzerpte aus alttschechischen Gedichten

Bericht über die *Halicko-ruská matica* in Lemberg

Rez. einer Vergil-Übersetzung von Karel Winařický

Vorankündigung des Vukschen Rečnik

Nr. 117 Theater in Zagreb

Nr. 118 Antrittsrede Kollárs für seine altertumskundlichen Vorlesungen

Mickiewicz, Rybička, Fischchen, übersetzt v. Stecký

Nr. 119 Übersetzung aus Rzewuski

119 u. 120 Výlet do Tater (Ausflug in die Tatra)

Literární jednoty na Slovensku před r. 1848 (Literarische Gesellschaften in der Slowakei vor 1848)

Nr. 120 W. W. Tomek, Bartošova kronika Pražská (Bartoš' Prager Chronik

Rezension tschechischer und slowakischer Gedichtsammlungen von Vincenc Furch, Pícek, Trokan, Šach, Staněk und der „Žehry“ von Záborský („Eifersüchteleien“ von Z. ...) (Wy. Slavica Nr. 180)

Nr. 121 Wincenty Pol, Tatry (Wincenty Pol, Die Tatra)

Nr. 122 Onomastische Kommission in Prag

Preradović, Noční písně (Preradović, Nachtlieder)

Hinweis auf eine Broschüre mit tschechischen und polnischen Übersetzungen serbischer Volkslieder, die in Prag zugunsten des Nationaltheaters erschien

Notiz über Fallmerayer

Nr. 123 Über Musik und Tanz bei den Ungarn, slawischer Einfluß, den Ungarn fehle die Musikalität

Armenier in Österreich

Aufführung des Dramas „Monyka“ von Ján Kollár, aus dem Deutschen ins Polnische übersetzt von Kamiński

Nekrolog Petar Petrović Njegoš

Beschluß der *Matica srpska* zur Übersiedlung nach Novi Sad

Nr. 124 Übersetzung aus Bulgarien

Nr. 126 Slovanští v Polsce (Die Slaven in Polen) (auch über 1846)

58 M: 1219 1872 250 × 160 Ant. tschechisch D: T broschiert

ŠEMBERA Alois Vojtěch (Herausgeber u. Autor)

Obecný občanský zákonník Rakouský.

Österreichisches Allgemeines Bürgerliches Gesetzbuch IV–VI Text der Promulgation; /2/ Obsah; 239 S.

Přídavek Obecnému Občanskému Zákonníku Rakouskému v němžto se obsahují zákonové a nařízení pozdější, k témuž zákonu se vztahující.

Beilage zum ABGB enthaltend spätere Gesetze und Verordnungen, die sich auf dieses Gesetz beziehen.

XXXII S. Rejstřík abecední; S. XXXII Opravy; /2/ Obsah přídavků, XXXII S. Alphabetisches Register; S. XXXII Berichtigungen; /2/ Inhalt der Ergänzungen

146 S.

Šembera war „redaktor českého zákonníka říšského“. Šembera war „Redakteur des böhmischen Reichsgesetzbuchs“.

59 M: 314 N: 55.804 A U: I 10 551 1885 185 × 130 Ant. tschechisch D: T M: roter Glbd., UT auf Deckel, Golddruck, Porträt vor T.

STRASSER Jan (Johann Nepomuk Friedrich)

Hrdinný život maršálka Rádecký-ho. Vydal J. S.

Čistý výňos věnován jest fondu k zřízení pomníku R.

Nákladem I rakouského spolku vysloužilců VII okr. Lindengasse 2.

Das Heldenleben des Feldmarschalls R. Hg. v. J. N. F. S. Der Reinertrag ist dem Fonds zur Errichtung eines R.-Denkmals gewidmet. Verlag des I. österreichischen Veteranenverbandes 7. Bez., Lindengasse 2

(5) Předmluva (Vorwort); (6) Widmungsgedicht von Deinhardstein in tschech. Übersetzung; (7)–52 Text

60 M: ohne Signatur 1901 196 × 123 Ant. tschechisch D: UT lose

Stanovy spolku „Slovanská beseda ve Vídni". Nákladem spolku.

Statuten des Vereines „S. b. in Wien". Verlag des Vereines

8 S.

Unterzeichnet Jan hrabě Harrach starosta – Alois Komínek t. č. tajemník

Unterzeichnet Johann Graf Harrach, Obmann – Alois Komínek, damaliger Sekretär.

61 N: 113.045-B (s. v. ‚Slovo') 1862 207 × 132 Frakt. slowakisch D: S. 10 Bibliothekseinband, ohne Titelblatt

Slowo Starssích cirkwe ewanjelickej podl'a Aug. wyz. Nemecko-Lupčianskej k swojím spolucirkewníkom

Wort der Ältesten der Deutsch-Liptscher evangelischen Kirche A. B. an ihre Kirchengenossen.

Datiert 15. 10. 1862

10 S.

Katalóg slovákomových kníh 1168 – Katalog der slowakischsprachigen Bücher 1168

Unterzeichnet von Daniel Benjats, Daniel Kußy, Samuel St. Hendl, Jozef Krno, Daniel Krcsmery, Daniel Bodiczky, Peter Makowiczky.
Wenden sich ohne den Seelsorger direkt an die Glaubensbrüder.
Sorge um die Bewahrung der Reinheit des evangel.-lutherischen Glaubens, gegen eine Union mit den Kalvinern.
Polemik mit dem Superintendenten L. Geduly.

S. 9 Aufruf zur Gehorsamsverweigerung: „My celou dôwerou wstupujeme pod správu duchownin Dôstojného p. Dr. Karla Kuzmányho. „Voll Vertrauen begeben wir uns unter die geistliche Leitung von Hochwürden Pater Dr. Karl Kuzmány."

Kuzmány hatte im Gegensatz zu Geduly den Amtseid mit der Trinitätsformel abgelegt.

Vgl. Wy Slavica Nr. 199 (Hodža).

62 Universitní knihovna Praha, Universitätsbibliothek Prag: 54 H 23128 1890 196 × 130 Ant. slowakisch D: T Roter Glbd., Golddruck auf Rücken und Deckel, Goldschnitt, Vignetten.

MATZENAUER Beňovský František Otto

Anthologia z poetickej literatury nemeckej. Sostavil a poslovenčil F. O. M.-B. Diel' prvý (m. n. e.)

Anthologie aus der deutschen poetischen Literatur. Zusammengestellt und ins Slovakische übersetzt von F. O. M.-B.

III Widmung: Slovenskej omladine a spanilomyšelným dcéram národa venuje vydavatel'. V–XVI Obsah diel'u I. 492 S. Text; 493–495 Miesto predmluvy' 495–498 Errata. Der slowakischen Jugend und den holden Töchtern des Volkes gewidmet vom Herausgeber. V–XVI Inhalt von Teil I (...) 493–495 Anstatt eines Vorworts 495 ...

Umfaßt Textproben vom Heliand bis zu den Romantikern. Ein im Nachwort angekündigter druckfertiger zweiter Teil ist nicht erschienen.

Rizner 3, 176, Nr. 41

63 M: ohne Signatur N: 103.740 B U: I 309 764 1895 186 × 122 Ant. slowakisch D: T M lose, ohne Umschlag

Zkaza l'udu slovenskěho

Nakladom Ondreja Smutný-ho. Verlag Andrej Smutný.

Der Untergang des slovakischen Volkes

29 S.

Rizner 6, 208

64a M: 225 M 8 1843 292 × 238 Ant. polnisch D: T Hldr.

SKARGA Piotr

Żywotów świętych Starego i Nowego Zakonu na każdy dzień na cały rok, wybranych z poważnych pisarzów i doktorów kościelnych część pierwsza, do których przydane są niektóre duchowne obroki i nauki przeciwko kacerstwom, przy tém kazania krótkie na te święta, które pewny dzień w miesięcu mają przez P. S. SJ zebrane, na język polski przełożone, i za życia autora dziewięć razy, a po zejściu jego powtórnie przedrukowane w Wilnie w drukarni królewskiej r. p. 1780 a teraz znowu.

Erster Teil der Viten der Heiligen des Alten und Neuen Testaments für jeden Tag das ganze Jahr hindurch, ausgewählt aus wichtigen Schriftstellern und Kirchenlehrern, hinzugefügt etwas an geistiger Nahrung und Belehrung gegen die Ketzereien, dazu noch kurze Predigten für die unbeweglichen Festtage, gesammelt und ins Polnische übersetzt von P. S. SJ, zu Lebzeiten des Autors neunmal, und nach seinem Ableben 1780 in der königlichen Drukkerei zu Wilna und jetzt abermals wieder gedruckt.

Approbation T_v, /12 S./ Vorworte, 608 S.

64b Żywotów świętych...wtora część.

Der Viten ... zweiter Teil.

Approbation T_v, 649 S.

Pisarze żywotów świętych, doktorowie przy których się żywocie nauka przeciw heretyków kładzie 1 S., 5 S. Regestr świętych;

/78 S./ Regestr rzeczy przedniejszych, które się w tych księgach zamykają. Die Verfasser von Heiligenleben, Doktoren, in deren Lebenslauf die Lehre gegen Ketzer aufgebaut wird. Register der Heiligen; (78 S.) Register der vorangehenden Sachen, die in diesen Büchern enthalten sind.

Herausgeber war ein Pater Ficek (Fietzek)

Estreicher 4, 254 Kalemkiar 76

Die für die Zeit außerordentliche hohe Auflage von 50.000 erwähnt Estreicher.

Zweite Mechitharisten-Auflage Wy Slavica Nr. 244 a, b

65 M: 1267 M 5 1844 232 × 160 Ant. polnisch D: UT broschiert. Ohne eigentliches Titelblatt.

SERWATOWSKI Walerjan

Wykład Pisma Świętego Nowego Zakonu. Tom pierwszy. Oddział I. Dowody mesyańskiej godności Jezusa.

Kommentar zum Neuen Testament. Band I. Beweise für die messianische Würde Jesu.

240 S.

66a-b M: 1264 1844 232 × 160 Ant. polnisch D: T broschiert

Wykład Ewangelii Łukasza św. Tom I, II.

Kommentar zum Lukas-Evangelium

Bd. I: Widmung an F. d. P. Piśtek, Erzbischof von Lemberg, Annahme der Widmung, Imprimatur, 240 S.

Bd. II VII–XII Osnowa, Widmung etc. wie Bd. I, S. 241–399

Wykładu Pisma Świętego tomy 6–8. Kommentar zur Heiligen Schrift Bd. 6–8.

67 M: 1264 1845 232 × 160 Ant. polnisch D: T broschiert

Wykład Ewangelii Jana św. Poszyt pierwszy całego wykładu P. S. dziewiąty zawierający wykład rzeczonej ewangelii do rozdz. 10. Erstes Heft des Gesamtkommentars der Heiligen Schrift, neuntes des Kommentars des gegenständlichen Evangeliums bis Teil 10.

Kommentar zum Johannes-Evangelium.

(3) S. Osnowa; Widmung an F. X. Zachariasiewicz; Imprimatur, Annahme der Widmung, 464 S.

Wykładu Pisma Świętego tom dziewiąty (9). Kommentar zur Heiligen Schrift Bd. 9.

68 M: 1272 1846 232 × 160 Ant. polnisch D: T broschiert

Wykład Dziejów Apostolskich. Poszyt jeden, całego wykładu

Pisma św. trzynasty i czternasty, zawierający wykład tychże dziejów od początku do końca, przez W. S., Profesora Pisma św.

N. Z. przy zakładzie teologicznym w Tarnowie. Heft eins, Heft dreizehn und vierzehn des Gesamtkommentars der Heiligen

Schrift, die den Kommentar der Apostelgeschichte vom Anfang bis zum Ende enthalten, von W. S., Professor für das Neue Testament der Heiligen Schrift, an der Theologischen Fakultät in Tarnow.

Kommentar zur Apostelgeschichte.

Latein. Widmung an Johannes Snigurski, griech.-kathol. Bischof von Przemysl, Sambor und Sanok, lat. Imprimatur, Annahme der Widmung.

Text S. 7–290; /4 S./ Osnowa

Wykład Pisma swiętego N. Z. tom czwarty (U). Kommentar zur Heiligen Schrift des Neuen Testaments, 4. Band.

69 M: 1271 1846 232 × 160 Ant. polnisch D: T broschiert

Wykład Listu Sw. Pauła Apostoła do Rzymian. Poszyt jeden, całego wykładu Pisma świętego piętnasty. Heft eins, Heft fünfzehn des Gesamtkommentars zur Heiligen Schrift.

Kommentar zum Brief an die Römer.

Lat. Widmung an den armenischen Erzbischof von Lemberg, Samuel Cyrill Stefanowicz? Text S. 5–164.

Wykład Pisma świętego tom V/I (U). Kommentar zur Heiligen Schrift, Bd. V/1

Estreicher 4, 228 (alle Teile)

Kommentar zu Matth. u. Markus Wy Slavica Nr. 240 a, b

70 M: 268 M II 1 N: 154 449 C U: I 24 063 1866 246 × 177 Ant. polnisch D: T_v Hl. Golddruck auf Rücken

KACZKOWSKI Zygmunt

Rewolucyjne sądy i wyroki. Rzecz osobista przedstawiona przez Z. K.

Paryż i Wiedeń. Nakładem autora. Paris und Wien. Selbstverlag.

Revolutionäre Prozesse und Urteilssprüche. Persönliches Anliegen präsentiert von Z. K. Paris u. Wien. Selbstverlag

87 S.

Estreicher 2, 318; Nowy Korbut 8, S. 8, Nr. 30

71 M: 1235 M 5 N: 123.077 B U: I 167 113 1868 Ant. polnisch D: T (UT) broschiert

SZCZENIOWSKI Eustachy

Słowo o przyczynie upadku Polski i śródkach jéj powstania przez księdza E. Sz. Magistra św. Teologii i profesora Pisma św. w seminaryum dyecezalnym. Nakładem autora.

Ein Wort über die Ursache des Falles von Polen und über die Mittel seines Erstehens von Pater E. Sz., Magister der hl. Theologie und Professor für Bibelwissenschaft an einem Diözesan-Seminar. Selbstverlag

60 S.

Auf T vier Gedichtzeilen von K. Maniewski

Estreicher 4, 435

72 U: I 10.805 N: 55.393 A 1886 164 × 106 Ant. poln. D: T roter Gl., Golddruck auf Deckel

SMÓLSKI G(rzegorz)

Wiedeń i jego okolice, oraz podróż Dunajem z Passau przez Linz, Wiedeń do Budapesztu i treściwy przegląd znaczniejszych miejsc kąpielowych.

Napisał G. S.

Przewodnik ilustrowany z 28 rycinami i najnowszym planem Widnia (Wydawca P. Steiner) Przedruk wzbroniony. Cena w oprawie i z planem Wiednia 1,50 złr. w. a. = 1,20 rbl. = 2,50 marek.

Wien und seine Umgebung, mit der Donaureise von Passau über Linz, Wien nach Budapest und knappe Übersicht der bedeutendsten Badeorte. Verfaßt von G. S.

Illustrierter Führer mit 28 Zeichnungen und dem neuesten Plan von Wien (Hg. P. Steiner). Nachdruck verboten. Preis gebunden mit Plan von Wien 1,50 fl. ö. W. = 1,20 Rubel = 2,50 Mark.

(5)–(6) Słowo wstępne, (5)–(6) Einführung, 7–122 Text, (123) Treść, (123) Inhalt, /74/ S. Anzeigen z. T. auf rosa u. gelbem Papier, Stadtplan.

83–97 Informacye i adresy, 98–105 okolice Wiednia, 106–113 Na Dunaju, 115–122 Przegląd miejsc kąpielowych.

EST 1881–1900

83–97 Informationen und Adressen, 98–105 Umgebung Wiens, 106–113 An der Donau, 115–122 Übersicht der Badeplätze.

73 M: 1204 M 5 U: I 391 941 N: 512 026 A 1915 152 × 118, Ant. polnisch D: T UT, broschiert

MEDLINGERÓWNA Melania

Ojczyźnie …

Nakładem Polskiego Towarzystwa „Strzecha“ w Wiedniu.

Dem Vaterland …

Verlag des polnischen Vereines „Strzecha“ in Wien

(5)–(6) Vorwort der herausgebenden „Strzecha“, Rejestr tytułów, Register der Titel

70 S. (Gedichte)

74 S: br A 994 U: I 921 326 N: 1.045.744 B 1969 207 × 147 Ant. polnisch D: U_2 U(T) broschiert

ŻYTOMIRSKI Eugeniusz

Odebrano mi Polskę. Stowarzyszenie Polskiej kultury w Austrii. Man hat mir Polen weggenommen. Polnischer Kulturverein in Österreich

16 S. Gedichte; U_3: Spis wierszy (Verzeichnis der Verse)

U4: Arkusz poetycki E. Z. p. t. „O. mi P.“ jest ósmą, nie licząc zbiorów konspiracyjnych, publikacją wierszy tego autora i wydany został staraniem St. P. K. w A. w nakładzie 500 egzemplarzy, odbitych w lipcu 1969 w Drukarni Mechitarystów w Wiedniu założonej w roku 1810. U4: Dichterkreis E. Z. unter dem Titel „Man hat mir Polen weggenommen“ ist die achte – nicht gezählt die konspirativen Sammlungen – Veröffentlichung von Versen dieses Autors, herausgegeben durch St. P. K. in einer Auflage von 500 Exemplaren, die im Juli 1969 in der 1810 gegründeten Drukkerei der Mechitharisten veräußert worden sind.

75 L'vivska biblioteka AN URSR: 812385 1836 205 × 124 orn.kyrill. ruthenisch D: T Stempel auf T: Biblioteka russkago narodnaga doma v L'vove.

Lemberger Bibliothek der Akademie der Wissenschaften der ukrainischen Sowjetrepublik: 812385... (...) ...Stempel auf T: Bibliothek des russischen Volkshauses in Lemberg.

Otzyvъ žálju izъ Vědnja po smérti nastupívšej dnja 29ho cvětnja 1836 eho vysokoprepodóbija i vsečestnějšaho hospodina Michaila Barona de Nejstern Haraseviča, Doktora S. Bohoslovija, Archipresvitera Krilosa Metropoličaho L'vovśkaho ob. hr. kat. Kommandera Ordena Leopol'da, člena Stanovъ kraevychъ, byvšeho Učitelja S. Bohoslovija, k.k. Komisarja publičnych Popisovъ, vъ Universitete L'vovskomъ ehože dějstvětel'naho Člena, konsistora Metrop. ob. hr. kat. Sovětnika i pr. proizvedenъ pitomcami c.k. Konvěkta takъ/Archidiecezii L'vovskoi jako i Diecezii Peremyšl' – skoi ob. hr. kat.

Worte der Klage aus Wien nach dem am 29. Juli 1836 erfolgten Tod des hochwürdigsten Herrn Michael Baron von Neustern Harasevič, Dr. theol., Erzpriester des Lemberger gr.kath. Metropolitankapitels, Kommandeur des Leopoldordens, Mitglied der Landstände, früheren Lehrers der Theologie, k.k. Kommissar der Statistik an der Universität Lemberg, ihres wirklichen Mitgliedes, Erzbischöflichen Konsistorialrats usw. dargebracht von den Zöglingen des k.k. Konvikts sowohl der griech.-kath. Lemberger Erzdiözese wie der Przemysler Diözese.

/2/ Motto aus Jesus Sirach (kirchenslawisch); /4 S./ Gedicht aus 11 vierzeiligen Strophen.

Inc.: *Nadchóditъ smútna věst' edná za drúhovъ*

Expl.: *Pro Tja serdécъ ešče vъ hrobъ Tvoj prijmì*

LEV I, 151. Beschrieben von Ablichtung.

Es gibt noch einen gedruckten Wiener Nekrolog für Harasevič: Nekrolog des Hochgeborenen und Hochwürdigsten Herrn M. H., Freyherrn von Neustern /vier Zeilen Titel und Orden/. Aus der Wiener Zeitung vom 1. August 1836 (fehlt dort!). Enthält: Das Ruthenische Klagelied *Sleza,* das ist eine Thräne am Grabe des H. u. H. H. Baron v. N. H. Von einem Verehrer des Hohen Entschlafenen in Wien (d. i. Mykola Ustyjanovyč). S. (9)–11. 18 vierzeilige Strophen. Motto: Am Haliczer Himmel/Erlosch ein neuer Stern! Wien 1836, Gedruckt bei den Edler von Ghelenschen Erben (LEV I, 148). Das ruthenische Original von Ustyjanovyč LEV I, 154.

76 L'vivśka biblioteka AN URSR: 11 385 1838 265 × 200 kyrill. (Zivilschrift!) ruthen. D: T

SEROIČKOVSKYJ Havriil

Věnecъ vysokoho blahodarenija vo čest' světlo prazdnujuščaho roždestva jeho veličestva Ferdinanda I kesara austrijskoho etc. (drei Zeilen Titel) so vsjakimъ vysokopočtenijemъ dbja 19 cvětnja 1838 odъ kes.kor. konvikta pitomcovъ H. S. tohož konvikta pitomcemъ sočinenyj.

Kranz hoher Dankbarkeit zu Ehren des erlaucht gefeierten Geburtstages seiner Hoheit Ferdinand I, des österreichischen Kaisers etc. mit jeglicher Ehrerbietung am 19. April 1838 (dargebracht) von den Zöglingen des k.k. Konvikts, verfaßt vom Zögling desselben H. S.

Vorsatzblatt: Hde Austrija tamъ našъ raj! Prislovije obščej(e). 6 Seiten Gedichttext, paginiert nur die S. 8 u. 10, 2 Seiten Primečanija.

Wo Österreich ist, dort ist unser Paradies! Allgemeines Vorwort. (...) ... 2 Seiten Anmerkungen.

S. /3/ Pěsn'. Drei achtzeilige Strophen, die alle auf „Ferdinanda(u) Kesara(u)“ enden.

S. /3/. Lied. Drei achtzeilige Strophen, die alle auf „Dem Kaiser Ferdinand“enden.

Inc.: *Či to vъ hore, či vъ doline*

Es folgen 15 achtzeilige Strophen in Langzeilen

Inc.: *Na čistömъ polju, vъ prikrasnömъ zahoně*

Expl.: *Z novoho zělja drěbno uplětaje*
Pěsn' vopijuči, chorošij věnecъ.

Weiter vier achtzeilige Strophen mit Kehrreim w.o.

Inc.: *Vstan' sonen'ku dnes' ranen'ko*

LEV I, 17 Nr. 186

Auffällig die Verwendung der Zivilschrift mit dem Graphem j, stark volkssprachlich.

77 L'vivśka biblioteka AN URSR: 21 439 1851 126 × 100 kyrillisch, Zivilschrift, Noten ruthen u. karpatoukrainisch D: T

Lemberger Bibliothek der Akademie der Wissenschaften der ukrainischen Sowjetrepublik:

NAGY (Nod') Nikolaj

Russkij solovei. I. Penie sočineno i posvjašeno Junošestvu Russkomu N.N.

Die ruthenische Nachtigall. I. Gesang. Verfaßt und der ruthenischen Jugend gewidmet von N. N.

Text S. 3–32. S. +: Einleitungsgedicht Ljubopočtennyi Rodimcy!

Inc.: *Živyj prikladъ, – se solovej*

Expl.: *Na polju russkoj nivy.*

14 Lieder, jeweils mit Noten.

LEV I, 65 Nr. 695. Beschrieben nach Ablichtung. Auf T Stempel der Bibliothek des Naukove Tovarystvo im. Ševčenka. Nachdruck unter Mitwirkung des Verfassers Vukovar 1989, als Beilage zur Zeitschrift *Nova dumka.*

...Bibliothek der Wissenschaftlichen Ševčenko-Gesellschaft.

Lit.: Verf., Der Wiener ruthenische Schriftsteller N. N. und seine Dichtungen, in: Wiener Slavistisches Jahrbuch 34, 1988, 151–157

78 L'vivśka deržavna naukova biblioteka: D 18 087 1851 144 × 98 orn. kyrillisch ruthen. D: T Vignetten
Lemberger wissenschaftliche Staatsbibliothek

NAGY (Nod') Nikolaj

Pamjat' izъ otpusta dobrymъ detemъ sočinenna N. N.

Andenken von der Wallfahrt für brave Kinder verfaßt von N. N.
Text S. 3–32

Enthält folgende erbauliche Dichtungen: Sila very ili děvica na otpustъ iduči; Roždestvo presv. Bohorodicy; Uspenie presv.

Bohorodicy; Iisusъ na morju; Svjataja Varvara; Svjatyj Spiridionъ, Ss. Kirill i Methodij; Sorok svjatychъ'; Slovo Iisusa k narodu (nicht für Kinder bestimmtes Gedicht gegen die Trunksucht).

Die Kraft des Glaubens oder Die Jungfrau, die zum Ablaß geht; Geburt der allerheiligsten Gottesmutter; Himmelfahrt der allerheiligsten Gottesmutter; Jesus auf dem Meer; Die heilige Barbara; Der heilige Spiridion; Die Heiligen Kyrill und Method; Die Vierzig Heiligen; Wort Jesu an das Volk (...)

Teilweise mit Vermerken, nach welcher Melodie das Gedicht gesungen werden soll.

LEV I, 65 Nr. 694. Beschrieben nach Ablichtungen

Lit. s. Nr.

79 N: 525.175 B 1916 221 × 160 kyr. ukrainisch D: T Bibliothekseinband U(T)

ZVIDOMLENJE Upravy kursiv učytel'śkoho semynarja z ukrajinśkoju vykladovoju movoju otvorenych na osnovi rozporjadku Vys. c.k. Minjisteriji Viroispovidan' i Prosvity z dnja 27 veresnja 1914 č. 2945 i reskrypta Vys. c.k. doljišno-avstrijśkoji Krajevoji Škil'noji Rady z dnja 27 žovtnja 1915.

č. 217/6 II u Vidnji, VIII pov. ul. Al'berta č. 20 za škil'nyj rik 1915/16.

Inhalt-Zmist. 1) o. Dr. Zastyreč Josyf: Evgenija Ol'ha herbu Sas Zurakivska, ukrajinśko-njimećka pyśmennycja. 2) Cepyha Ivan: Ukrajinska ljiteraturna produkcija na emigraciji u Vidnji 1914–1916. 3) Urjadova cast'- Upravy.

Nakladom „Zahal'no-Ukrajinskoji Kul'turnoji Rady".

Bericht der Verwaltung der Kurse des Lehrerseminars mit ukrainischer Unterrichtssprache in Wien für das Schuljahr 1915/16.

57 S.

U_4 Ukrajinška Kul'turna Rada u. Vidnji. Prezident: Julian Romančuk. I viceprez. Dr. Aleksander Kolessa.

Vydavnyćtva. A Vyjšly z druku 10 Titel, B Nebavom vyjdut z druku 2 Titel.

U_4 Ukrainischer Kulturrat in Wien. Präsident: J. R. Vizepräsident: Dr. A. K. Ausgaben. A Es erschienen 10 Titel im Druck, B Demnächst werden 2 Titel im Druck erscheinen.

Die Position 2) erschien auch als Separatum. Hier Nr. 80.

80 M: ohne Signatur N: 525.175 B 1915/1916 1916 202 × 139 kyr. ukrainisch D: T N: Bibliothekseinband

ČEPYHA Ivan

Ukrajinška ljiteraturna produkcija na emigraciji u Vidni. (Bibliografičnyj ohljad vid serpnja 1914 do maja 1916.)

Die ukrainische literarische Produktion in der Wiener Emigration. (Bibliographische Übersicht vom August 1914 bis Mai 1916.)

33 S.

Kriegsbibliothek des Gesamt-Ukrainischen Kulturrates Voenna biblioteka Ukrajinškoji Kul'turnoji Rady

U_4: Vidbytka z „Zvidomlenja ukr. sem. kursiv u Vidni".

Sep. aus Nr. 79.

81 M: ohne Signatur 1919 150 × 110 kyr. ukrainisch D: T broschiert UT

CHRAPKO Ivan

Prisjažnyj Povirennyj (Rechtsanwalt)

Zbirnyk zakoniv i postanov Ukrajinškoho Pravytel'stva vidnosno zakordonnych instytucij. č. 1 Vydannja neoficial'ne.

Sammlung der Gesetze und Verordnungen der Ukrainischen Regierung bzw. von Institutionen im Ausland. Nr. 1. Inoffizielle Ausgabe

151 S.

82 M: ohne Signatur o. J. (um 1920) 20 × 141 kyr. ukrainisch D: S. (95) broschiert

MAUPASSANT Guy de

Vybrani opovidannja. Pereklala O. Chrapko-Drahomanova.

Ausgewählte Erzählungen. Übersetzt von O, Ch.-D.

Vydavnyče T-vo „Za Svitom". Viden' – Kyjiv

91 S., S. (93) Zmist

83 M: ohne Signatur 1921 142 × 112 kyr. ukrainisch D: T broschiert U(T)

Stepovyk M., Podoljak M., Olijnyk T., Maksymenko-Tycyna K., Sivrjuk K.

Lysty vid ukrajinśkych chliborobiv do ukrajinśkoji inteligencii. Nakladom Ukrajinśkoji Narodnoji Partii

Briefe ukrainischer Bauern an die ukrainische Intelligenz.

Verlag der Ukrainischen Volkspartei.

84 M: ohne Signatur 1940 148 × 106 kyr. ukrainisch D: (S. 31) UT

KORNIJENKO Mykola

Naši pisni. 20 najvažnijšych ukrajinśkych nacional'nych pisen'. Zibrav M. K.

Vatenštedt-Videń. Nakladom T-va „Vernyhora".

Unsere Lieder. 20 der wichtigsten ukrainischen Volkslieder.

Gesammelt von M. K.

27 S., S. (29) Zmist Inhalt

Verlag Dr. P. Kaschinsky u. Co. Buch- und Kunstverlag „Wernyhora" OHG, Wien, Postgasse 4.

Der Textordner Nikolaus K. in Watenstadt 2 über Braunschweig, Lager 23, St. 4.

85 M: 444 M II 5 U: I 270 882 1900 160 × 120 kyr. russisch D: T Gl.

SCHWEITZER (Švejcer) Ignaz (I. S.)

Illjustrirovannyj russkij putevoditel po Věně i okrestnostjamъ i kurortamъ. Sъ priloženiemъ podrobnago plana goroda Věny. Izdal I. S. Š.

Illustrierter russischer Führer durch Wien, die Umgebung und die Kurorte.

III–VI Soderžanie; 297 S., Stadtplan.

Enthält Notizem auch über Prag, Brünn, Linz, Bad Hall, Graz, Bad Topoltschan, Salzburg, Innsbruck, Triest und über 15 Kurorte (Karlsbad, Gießhübl-Sauerbrunn, Franzensbad, Marienbad, Königswart, Teplitz-Schönau, Nieder-Lindewiese, Ischl, Gmunden, Aussee, Abbazia, Gries-Bozen, Meran, Trient und Arco).

86 M: ohne Signatur N: 425.529 A U: I 304 539 175 × 120 kyr. D: T Gl.

Illjustrirovannyj russkij putevoditel' po Avstrii, Germanii i Riv'ere. Izdanie Angera i Ko. 4[e] izdanie.

Illustrierter Führer durch Österreich, Deutschland und die Riviera. Hgg. v. Anger + Co 4. Ausgabe

I–V Oglavlenie, 364 S.

87 M: ohne Signatur 1907 157 × 121 kyr. russisch D: fehlt broschiert

Illjustrirovannyj Putevoditel' po Avstrijskimъ Pravitel'stvennymъ želěznymъ dorogamъ i po Dunaju. Izdano avstrijskimъ ministerstvomъ putej soobščenija.

Illustrierter Führer über die Österreichischen Staatsbahnen und für die Donau. Hgg. v. Österreichichen Verkehrsministerium

84 S.

88 M: ohne Signatur o. J. 347 × 390 (gefaltet) kyr. russisch D: fehlt

Planъ goroda Veny. Spisokъ važnejsichъ ulicъ.

Stadtplan von Wien. Verzeichnis der wichtigsten Straßen

Vor 1914.

89 M: ohne Signatur N: 681 434 B U: I 440.930 1921 190 × 136 kyr. russisch D: S. (54) Bibliothekseinband

LOKOT' T. V.

„Zavoevanija Revoljucii". Knigoizdatel'stvo „Detinecъ" Serija I., No. 1

„Die Errungenschaften der Revolution"

53 S.

S. 3, Anm. 1: Die vorliegende Skizze ist ein Kapitel aus dem fast druckfertigen Buch „Philosophie der russischen Revolution" – geschrieben im Herbst 1920.

90 M: ohne Signatur 1921/22 149 × 113 kyr. russisch D: U_4 broschiert

SPRAVOČNIKЪ i Zapisnaja knižka russkichъ zagranicej. Vypusk pervyj 1921–1922.

Informator und Notizbuch für Russen im Ausland. Lfg. 1.

126 S., S. (127) Oglavlenie, zahlreiche Leerseiten

91 Privatbesitz 1921 168 × 214 kyr. russisch D: S. (64) Br., U(T) grauer Umschlag, vorn Mann mit Fackel, hinten Mann mit erhobenen Händen in Schwarzdruck.

Pered Grozoj. I. Vor dem I. Illustration 25 × 36 Burg.

Erscheinungsjahr nur auf U.

S. (64) Skladъ izdanija Jugoslavija, Pančeva

Rakocieva ul. 16. Imprimérie des Méchitharistes.

Vor dem Gewitter.

Text S. 3–63, S. (64) Soderžanie u. Impressum.

3/4 Vorwort auf Russisch, 5 Serbisch, 6 Englisch, 7 Französisch, 8 Deutsch. 9 Vignette

Inhalt: Putnikъ, Erz. (11–13), gez. Negъ Figurale Initiale, Schlußvignette; Ju. R. 25 oktjabrja 1917 g. (Gedicht) (14)

Inc.: *Nětъ, vamъ ne ukazat' narodu sčast'ja put'*

Expl.: *Podnjavšij mečъ pogibnetъ otъ meča.*

Georgij Rostovъ, Peredъ Grozoj (15–25, polit. Essay); N. Theodorovъ (Dor.) V krajachъ neizvědannychъ (Otryvokъ izъ al'boma putevychъ zarisovokъ: „U bělychъ"); Konecъ. Erz. (30–45), gez. Negъ; Figurale Initiale, Schlußvignette; N. Theodorovъ (Dor.) Troe. Erz. (46–62), Figurale Initiale; Ju.R. Gedicht ohne Titel (63)

In unerforschten Gebieten (Abriß aus dem Album von Reiseskizzen: „Im Unbekannten")

Inc.: *O Rodina, o niščaja Rossija.*

Expl.: *Svoej sud'by samъ rabъ i samъ palačъ.*

Foster: Bibliography of Russian Emigré Literature 1, S. 60 (registriert nicht alle Titel, Chiffren unaufgelöst, keine Angaben über Rostov und Theodorov).

Hinter der Publikation stehen Angehörige der von der Krim nach Serbien verschlagenen Weißen Armee.

Ein weiteres Exemplar in Harvard.

Miodrag Živanov, Pančevačka bibliografija 1833–1960. Beograd 1985, S. 367, Nr. 1996

92 N: 683 079 B 1928 225 × 152 kyr. russisch D: U_2 Bibliothekseinband, Umschläge mitgebunden.

MARKOV Sergej Vladimirovič

Pokinutaja carskaja sem'ja 1917–1918. Carskoe Selo – Tobol'sk – Ekaterinburgъ

Die im Stich gelassene Zarenfamilie.

VII Danksagung u.a. an Fürst Jaroslav Thun-Hohenstein und Ernst Graf Thun IX Vorwort, XI–XIII Polkovaja pesnъ Krymskogo Konnago Ee Veličestva Gosudaryni Imperatricy Aleksandry Fedorovny poelka, 438 S., 50 Illustrationen.

XI–XIII Regimentslied der Krim-Kavallerie, des Regiments Ihrer Hoheit der Kaiserin Alexandra Fedorovna

T_v: Als Manuskript gedruckt. Copyright by Amalthea-Verlag

93 M: ohne Signatur N: 683.079 B 1929 226 × 152 kyr. russisch D: S. (23) broschiert

MARKOV Sergej Vladimirovič

Otvětъ S.V.M-a N. E. Markovu II. Dopolnenie kъ knigě „Pokinutaja carskaja sem' ja“. Izdanie avtora.

Antwort an N. E. Markov II. Ergänzung zum Buch „Die im Stich gelassene Zarenfamilie“, Selbstverlag.

31 S.

94 M: ohne Signatur, Stempel der Klosterbibliothek 1945 198 × 131 kyr. russisch D: fehlt broschiert, illustriert

Gody vojny 1941–1945. Literaturno-chudožestvennyj sbornik tvorčestva frontovikov-gvardejcev. Predislovie gvardii generalmajora D. Sepilova.

Vorwort vom Gardegeneralmajor D. Sepilov.

Die Kriegsjahre 1941–1945. Literarisch-künstlerischer Sammelband des Schaffens der Garde-Frontsoldaten.

164 S., S. 161 f. Oglavlenie

Titel

95 M: ohne Signatur: 1945 144 × 115 kyr. russisch D: fehlt broschiert, UT

Boevoj put' našej gvardii. Političeskij otdel armii. Sostavili gv. major E. Manevič, gv. kapitan I. Benediktov.

Zusammengestellt von Gardemajor E. Manevič; Gardehauptmann I. Benediktov.

Der Kampfesweg unserer Garde. Politische Abteilung der Armee.

40 S.

96 M: 1711 1844 200 × 130 Ant. lateinisch D: T Bibliothekseinband

ROCCI Antonius

Theses ex universa theologia, quas in Caesaro-regia antiquissima et celeberrima scientiarum Universitati Vindobonensi pro obtinendo doctoris in SS Theologia gradu academico publice defendendus succepit A.R. Presbyter dioecesis Rhacusinae, caesaroregii sublimioris presbyterorum educationis instituto ad S. Augustinum membrum die 21 mensis novembris 1844.

Dissertation aus der gesamten Theologie, die in der k. k. alten und berühmten Wiener Universität öffentlich verteidigt wurde, um den akademischen Doktorgrad in den theologischen Wissenschaften zu erlangen, angenommen von A. R., Priester der Diözese Ragusa, Mitglied des k. k. Höheren Priesterseminars zu St. Augustin, am 21. November 1844.

(3) Widmung an Thomas Jedulinich, Bischof von Dubrovnik;

(5) lateinische Verse, 6–15 Text, S. 15 Aus der Pastoral-Theologie (dt.)

97 Letopis Matice srpske 119 (1876), S. 131 1848 deutsch

J. S.

Die österreichisch-ungarischen Serben und die Peterwardeiner kommandierende General, F. M. L. Freiherr Hrabovsky, so wie auch dieses letzteren Meternichismus und Vandalismus.

(Wörtlich aus der serbischen Belgrader Zeitung.)

24 S.

98 Kalemkiar Nr. 496, S. 56 1860 deutsch

DR. STANOJOWICH

Der heil. Stuhl und der Napoleonismus.

99 M: 1687 1861 222 × 140 Fr., deutsch, D: T. br. ohne U

Das russische Schwitzbad in Wien, Gumpendorf, Zwerchgasse Nr. 361. Eine kurze Abhandlung über den Werth, den Gebrauch, die Einrichtung und die Wirkungen desselben. Verfaßt auf Grund 35-jähriger Erfahrung.

12 S.

100 Kalemkiar Nr. 339, S. 44 1866 deutsch

RADICS P. v.

Die Gegenäbte Albert und Peter von Sittich und Abt Angelus von Rein (1404–1414).

Als Einleitung: Geschichte der ehemaligen Cisterze Sittich in Krain, gegründet 1133, aufgehoben 1784.

101 M: 410 M II 5 N: 204.841 A U: I 95656 1892 155 × 100 Fr., deutsch D: T broschiert, Bibliothekseinbände

MANOJLOVIĆ Svetozar

Schwertlilien. Gesänge für k.u.k. Militär-Zöglinge und solche, die es werden wollen. K.u.k. Rittmeister S. M. Selbstverlag.

46 S., (47) Inhalt

102 M: 408 M II 5 N: 103.795 A U: I 200.959 1896 140 × 100 Fr. deutsch D: T roter Glbd., Golddruck auf Rücken und Deckel

MANOJLOVIĆ Svetozar

Schwertlilien. Gesänge für die vaterländische männliche Jugend mit besonderer Rücksichtnahme auf die Zöglinge der k.u.k. Militär-Bildungsanstalten von S. M., k.u.k. Rittmeister in Sr. Apostol. Majestät Ungarischen Leibgarde. Dritte, bedeutend vermehrte Auflage.

Selbstverlag. In Commission bei L. V. Seidl u. Sohn

Widmung an die ehemaligen Zöglinge. Inhaltsverzeichnis.

11–74 Declamatorischer Theil; 75–144 Gesanglicher Theil.

103 M: 1864 N: 95.858 A U: I 240 763 142 × 210 Fr. deutsch D: T_v broschiert. Bibliothekseinbände

MANOJLOVIĆ Svetozar

Gufsla und Leier.

Commissions-Verlag von L. W. Seidl u. Sohn, k.u.k. Hof-Buchhändler

124 S.

5–8 Inhalt; 9–20 Vorwort in Gedichtform, 11–112 Gedichte.

Vorwort Inc.: *Ein Serbe bin ich!/Im Ungarland geboren!/Doch bildeten mich/Auch deutsche Professoren./Und da ich mit Fleiß/Das Deutsche stets getrieben./So hab' ich bis jetzt/Auch Manches deutsch geschrieben./Doch schreib' ich zugleich/Auch serbisch mit Behagen,/Und hab' auch dies/In's Deutsche übertragen.*

Einiges im Wiener Dialekt, z.B. Einst und jetzt 88 f.; An Mein Bett 103–105; Jäger-Latein nach Peter Rosegger 114–124.

Siebzehn Autoversionen serbischer Gedichte.

104 M 326 M II 3 U: I 12 151 N: 101.435 B.K. 1899 332 × 260 Ant. dt. D: T_v Gl. Rückendruck

PETERMANN Reinhard E.

Führer durch Dalmatien. Herausgegeben vom Verein zur Förderung der volkswirtschaftlichen Interessen des Königreiches Dalmatien. Mit 165 Illustrationen von Ludwig Hans Fischer, 4 geographischen Karten und 4 Stadtplänen.

Alfred Hölder K.u.k. Hof- und Universitätsbuchhändler.

III Vorwort V–XIII Inhaltsverzeichnis (XIV) Erklärung der Stadtpläne (XV) Geographische Karten

598 S., 599–602 Nachwort.

Anhang: III–XXI Kleines Wörterbuch Deutsch – Croatisch oder Serbisch – Italienisch. XXI–XXV Flächeninhalt und Bevölkerung, XXVI–XXX Naturhistorisches. XXXI In Dalmatien erscheinende Zeitungen. XXXII–XXXV Verzeichnis der Illustrationen. XXXVI–LX Namen- und Ortsregister. (LXI) Nachträge und Fehler.

/14/ S. Inserate

105 M: 1194 M 5 1903/04 245 × 161 dt., frz., russ. Ant., kyr.
D: fehlt broschiert

SPITZER David

Export-Adreßbuch für den Orient, Rußland und Kaukasus. Adresnaja kniga torgovychъ domovъ i eksportnychъ firmъ Vostoka, Rossii i Kavkaza. Guide pour le commerce pour l'orient, la Russie et le Caucase.

Ausgabe für den Orient und Rußland. Edition pour l'Orient et la Russie. Izdanie dlja Vostoka i Rossii.

Redigirt und herausgegeben von D. S. 14. Ausgabe. Im Selbstverlage des Herausgebers.

S. F–H: Vorrede-Predislovie-Préface. Geographischer Index für Rußland und Finnland; S. H–K: Ukazatel' geografičeskichъ i torgovo-promyšlennychъ punktovъ Rossii i Finlandii; S. L–O: Geographischer Index für den Orient. Indicateur géographique pour l'Orient.

II. Theil (Partie) S. O–U: Geographischer Index für Österreich–Ungarn. Index géographique pour l'Austro-Hongrie. S. Ia–XXa: Sachregister (I. Theil) der Import- und Export-Firmen Rußlands, Finnlands und Sibiriens. Russkie eksportnye i importnye firmy (I čast'). S XXIa–XXXIVa: Régistre (Ière partie) des différents articles pour l'importation et l'exportation des maisons de Russie, Finnlande et Sibérie.

II. Theil Import- und Export-Firmen vom Orient. Maisons d'Importation et Exportation de l'Orient, 714 S.

S. I–XLI Anzeigen.

S. I–XII: Sachregister (II. Theil) der Export- und Importfirmen von Bosnien, Herzegovina, Bulgarien, Serbien, Rumänien, europäische und asiatische Türkei, Griechenland, Staaten in Asien: China, Japan; Staaten in Afrika: Ägypten, Marokko, Tunis, Tripolis, Sansibar.

S. XIII–XXIII: Régistre (IIme partie) des différents articles pour l'exportation et l'importation des maisons de l'Orient, des Etats en Asie: Chine et Japon, de la Russie, Caucase, Perse, des Etats en Afrique: Egypte, Tunis, Tripoli, Maroc, Zanzibar.

S. XXIV–XXXIV: Sachregister (III. Theil) der Export und Importfirmen Österreich–Ungarns; S. XXXIV–XLIII dass. französisch; S. XLIV–LII Inseraten-Register.

Unpaginiertes Inhaltsverzeichnis.

I. čast'. Importnye i eksportnye firmy Rossii, Finljandii i Sibiri; II. čast'. Importnye i eksportnye firmy na Vostoke; III čast'. Eksportnye i importnye firmy Avstro–Vengrii. 672 S.

1. Teil: Import- und Exportfirmen Rußlands, Finnlands und Sibiriens; 2. Teil: Import- und Exportfirmen im Osten; 3. Teil: Export- und Importfirmen Österreich–Ungarns. 672 S.

N hat die 7. Auflage von 1891 (400.395-B).

Das überaus umfangreiche Werk ist für die Wirtschaftsgeschichte nicht unergiebig.

106 N: 468.666 – D – Per. 1909 391 × 250 Ant. deutsch D: am Fuß jedes Blattes. Bibliothekseinband. Jeweils einseitig dreispaltig bedruckt.

Südslawische Korrespondenz

Herausgeber Wilhelm Otto. Verantwortlicher Redakteur Dr. J. U. Friesen.

23. 10., 30. 10., 6. 11., 13. 11. 1909

Vier Nummern wurden vorher bei A. della Torre, die Nrn. ab 20.11. bei R. Kamus gedruckt.

Der gedruckten Ausgabe ging eine hektographierte voraus.

107 M 1395 N: 516.428 B U: I 398 975 (1916) Ant., deutsch D: S. 10 Bibliothekseinbände, M br., UT

Die Ukrainer in Rußland und ihre politischen Bestrebungen.

10 S.

Datiert nach dem Katalog von U.

108 M: ohne Sign. o. J. (nach 1945) 205 × 149 Ant. kyr. dt. D: S. 64 brosch.

FEDOROWSKI A(drian)

Russisch für Anfänger.

64 S.

Lebendiges Sprachwissen. Radio. Schule. Leben.

Heft 3 Reihe A 2 1. Jahrgang

109 Gradja za hrvatsku retrospektivnu bibliografiju knjiga 1835–1940, knj. 1, Zagreb, 1982: Nr. 1294, S. 115 1846–1849 italienisch

Material für die kroatische retrospektive Bibliographie 1835–1940: Buch 1, Zagreb 1982...

BABUKIĆ Vjekoslav

Fondamenti della grammatica illirica.

Di professore V. B.

Tradotti da V. V.-z-ć. [Vladislav Vežić]

(Izvadjeno iz ilirsko-němačko-talijanskoga maloga rečnika od Josipa Drobnića) – V.: Nr. 130.

Grundlagen der illyrischen Grammatik.

Von Professor V. B.

Übersetzt von V. V-z-ć.

(Entnommen dem illyrisch-deutsch-italienischen kleinen Wörterbuch von Josef Drobnić)...

110 Gradja za hrvatsku retrospektivnu bibliografiju knjiga 1835–1940, knj. 16, Zagreb, 1991 1852 italienisch

Material für die kroatische retrospektive Bibliographie 1835–1940, Buch 16, Zagreb 1991...

DR. PAVISSICH Luigi Cesare [Pavišić Vjekoslav Cezar]

Della Vita del Generale Nicolo Mastrovich Dalmata.

Das Leben des Generals Nikolaus Mastrović aus Dalmatien.

38 S.

ADDENDA ZU EINZELNEN TITELN

Nr. 4 Weihegruß, auch in N: 22.003-C

Nr. 6 Slavjanskij al'manach. 1880 wurde ein zweiter Band, offenbar kein Mechitharistendruck, wegen eines Artikels von Drahomanov konfisziert. Soweit bekannt, haben sich zwei Exemplare erhalten: eines in der Wissenschaftlichen Stefanyk-Bibliothek in L'viv-Lemberg (RK 32 267 11), das zweite in der Prager Slovanská knihovna. Der *Almanach* enthielt den Erstdruck der Erzählung „Mykytyčiv dub" von Ivan Franko. (M. O. Moroz, Ivan Franko, Bibliohrafija tvoriv 1874–1964, Kyjiv 1966, S. 23, Pos. 105.)

Aus Lemberg wurde dem Verfasser eine Ablichtung dieses seltenen Viennensiums zur Verfügung gestellt. Es erscheint nicht unangebracht, kurz auf den Inhalt und die Mitarbeiter dieses weitgehend unbekannt gebliebenen Wiener Druckes einzugehen. Unter den Redaktoren finden wir für die Russische Abteilung Grigorij Ivanovič Kupčanko, in der „Kleinrussischen" Jevhen Ozarkevyč, für die Polnische Grzegorz Smólski. Die beiden Lausitzen betreute Michał Hórnik. Bekanntere Namen sind noch Jan Máchal und Todor Stefanović Vilovski.

Anton Budilovič schrieb über die Verschwörung der Grafen Zrinjski und Frankopan; den Stein des Anstoßes für die Zensurbehörde bildete der umfangreiche Essay von Drahomanov (S. 55–90): „Polityko-social'ni dumky v novych pisnjach ukrajinśkoho (malorusskoho) narodu."

„Politisch-soziale Gedanken in neuen Liedern des ukrainischen (kleinrussischen) Volkes."

Bekannte Namen unter den Lausitzer Sorben: Jakub Bart-(Ćišinski), Jan Wjela Radyserb und Mato Kósyk; unter den Tschechen Jan Herben, Adolf Heyduk, Eliška Krasnohorská und František Táborský. Jan (Hanuš) Máchal handelte über die Vilen bei den Tschechen und Slovaken. Von den slowakischen Mitarbeitern ist Samo Bohdan Hroboň bekannt geworden. Der Slowene France Podgornik fragt 'Ali je filozofija Slovanov mogoča?' („Aber ist eine Philosophie der Slaven möglich?") Unter den Bulgaren finden wir wie im ersten Band Vasil Christov Radoslavov mit Gedichten. M. (?) schrieb über 'Iz prirode i srpskog narodnog života. („Aus der Natur und dem serbischen Volksleben.")

Unter den um ihr Geld wohl „umgefallenen" Subskribenten erscheinen (S. 423–432) aus Rußland Vladimir Lamanskij und Orest Miller, aus Galizien eine Reihe Geistlicher, aus Prag Jaroslav Vlček, stud. phil., Jiří Polívka, ein Maturant Prinz Lobkowitz. Besonders viele Subskribenten stellten in Böhmen Königgrätz, in Mähren Prerau und in der Slowakei

(Uhorsko) Preßburg. Auf slowenischem Gebiet sind Ljubljana, Celje und Maribor gut vertreten. Bekannte Namen sind Simon Gregorčič (Kaplan in Rizenberg) und Anton Aškerc. Matthias Murko ist als Maturant wiederum präsent. Gering war der Widerhall des *Almanach* in Kroatien, Slawonien und Dalmatien (in Zagreb subskribierte Fran Celestin), außerordentlich groß dagegen in Bulgarien, besonders in Šumen. Zahlreich die Interessenten in Wien, vor allem Mitglieder slavischer Vereine. In Deutschland subskribierte unter wenigen anderen Ernst Muka.

Nr. 169 Katolická missionární knížka. Die fünfte Auflage von 1841 SVK Brno 1–663.207; die achte von 1844 Státní knihovna Praha 54-K-14616

Nr. 32 – Wurde nicht bei den Mechitharisten gedruckt.

Nr. 169 Katholisches Missionsbüchlein. (...) ...1844 Staatsbibliothek Prag 54...

Nr. 170 Liguori 7. Auflage von 1860 in: Státní knihovna Praha 65 E 2014

...in: Staatsbibliothek Prag 65...

Nr. 186 *Slovenské Noviny*. Auch in SVK Brno 5-6059. Lt. Katalog 1850–1853 in 2 Bdn.

Slowakische Zeitung.

Einen Überblick über die erhaltenen Bestände in der Slowakei gibt Karl Rajnoch in seinem Aufsatz: Das literarische Profil der Wiener Slowakischen Zeitung. In: Wiener Slavist. Jahrbuch 34, 1988, 188–197, hier S. 189, Anm. 5. Ein vollständiges Exemplar gibt es nirgends.

Nr. 196 Kuzmány. Auch in: U I 176 924. Eine deutsche (Auto?)-Version erschien im gleichen Jahr, zuerst in der Zeitschrift „Ost und West", dann als Separatum (S: br C 112).

Nr. 202 Šembera. Ob es sich bei dem Exemplar der Státní knihovna Praha 54 D 731 PF um die in Wien fehlende erste Auflage handelt, war lt. Katalog nicht festzustellen.

...der Staatsbibliothek Prag 54...

Nr. 204 Šembera. Auch in M: 1197.

Nr. 221 Radlinský. SVK Brno: ^{7}1889, Sign. 1–267.435

Nr. 223 Emmanuel-Sasinek. Eine erste Auflage aus 1882 soll nach Karl Rajnoch in der Bibliothek des Pontificio Istituto Orientale erhalten geblieben sein.

Nr. 229 Truchlý Dejiny Bd. 2 SVK Brno: 1–776.757 Vo/kn.

Nr. 229 Truchlý Geschichte Bd. 2...

Nr. 244 a, b Skarga. Auch in M: 224.M.8

Nr. 296 Vesolovśkyj. Ohne Signatur auch in M.

ADDENDA UND CORRIGENDA ZUM NAMENSREGISTER

BLONŚKYJ Kyrill (1802–1851). Lit.: Vasyl Ščurat, Videnśkyj druk „Enejidy" Kotljarevśkoho v 1848 r.; in: V. Š., Vybrani praci z istoriji literatury, Kyjiv 1963, 148–151 (Erstdruck 1938). Blonśkyj war 1848 Reichstagsabgeordneter. Der Text des Mechitharisten-Einblattdruckes, mit dem die – nicht zustande gekommene – „Eneida"-Ausgabe angekündigt wurde (LEV I, 360) bei Ščurat op. cit. 149–150.

Ščurat, Wiener Druck der „Enejida" Kotljarevśkis im Jahr 1848; in: V. Š., Ausgewählte Werke aus der Literaturgeschichte, Kiew 1963,...

DOROŠENKO Volodymyr (1879–1963).

ILIĆ (Ilijć) Samuilo (Sevastijan) (1795–1863), serb. geistlicher Schriftsteller, Freund Vuk Karadžić'

LUKIJANOVYČ Denis (1872–1965).

RADLINSKÝ Ondrej L'udovít. Lit.: Fraňo Ruttkay, A.R. Je Jeho život a boj za práva národa slovenského, Trnava 1934

Sein Leben und Kampf für die Rechte des slowakischen Volkes, Türnau 1934

ADDENDUM ZUM TITELREGISTER

Postep 256 b

NAMENREGISTER

REGISTER DER ERSCHEINUNGSJAHRE

SACHREGISTER

Literatur und Sprache

Historische Wissenschaften

Recht, Politik, Wirtschaft, Technik

Religion, Theologie, Kirchenwesen

Sonstige Disziplinen

Schulbücher, Pädagogik

Periodika, Kalender

TITELREGISTER